# 組織における
# 知識の共有と創造

ソーシャル・キャピタル、私生活の人間関係、
動機、自尊感情の視点から

向日 恒喜 [著]
Mukahi Tsuneki

*Social Capital*
*Personal Life*
*Motivation*
*Self-Esteem*

同文舘出版

# まえがき

　本書は組織における知識の共有と創造の促進要因を検討することを目的とし、企業従業員へのアンケートで得られたデータと事例の分析に取り組んでいる。

　本書の中心テーマは知識共有・創造の促進要因の検討であるが、サブタイトルに「ソーシャル・キャピタル、私生活の人間関係、動機、自尊感情の視点から」を掲げ、「ソーシャル・キャピタル」の概念とともに、私生活の人間関係として「ワーク・ライフ・バランス」、動機として「知識提供動機」、自尊感情として「組織内自尊感情」の概念を促進要因に応用しつつ検討を進めた。これらの概念に対しては、経営学の組織論、組織行動論、人的資源管理論や、社会学、心理学などの専門家の方々が、それぞれの分野で真摯に研究に取り組んでおられる。筆者は経営情報システム学の視点からナレッジ・マネジメントの研究に取り組むに至り、これらの概念に関しては門外漢であったことから、それぞれ分野の専門家の方からみれば、本書における議論や解釈は表層的で、稚拙なものだとも思われる。

　ただ、これらの概念をマクロ的な視点から「知識の共有と創造」のキーワードで結びつけた点においては、独自の知見を提供するものであるとの思いもある。そして、個々の専門家の方々にも目を留めていただき、辛辣なご意見をいただくという意味も兼ねて、このようなサブタイトルを付けさせていただいた。本書の未熟な点をきっかけとして、議論が生まれ、個々の専門家の方々による検証につながるのであれば、本書を出版した意義があると自分に言い聞かせている次第である。

　また、本書は企業の方々が興味を持っておられるテーマを取り扱っている。「知識の共有と創造」が主なるテーマであるが、「仕事の人間関係、私生活の人間関係、働きやすい環境と知的生産性」がもう1つのテーマである。そのため、

職場における知的生産性の向上とともに、職場環境の改善や従業員のモチベーションの向上に関心のある方々にも目を通していただきたいと考えている。特に、後半の事例分析では、職場環境の改善、ワーク・ライフ・バランス、コミュニケーションの活性化などに取り組んでおられる企業を紹介しており、これらの企業の事例は読者の職場の改善に何らかのヒントを提供してくれるものと信じている。

本書は学術書との位置づけであることから、一般の企業の方々や学生にとっては、中盤のデータ分析の記述を中心に難解な個所も多いかと思われる。ただ、講義での教科書や参考図書にすることをも想定し、前半では基本概念の説明にも頁を割くとともに、後半の事例分析の前にデータ分析の要約を記述しており、データ分析の記述を読み飛ばしても、ある程度、事例の内容を理解できるように配慮している。本書の知見が、企業の方々、そしてこれから企業で働く学生にとっても参考になれば幸いである。

本書には、上記に挙げたテーマ以外に、さらにもう1つのテーマがある。それは「職場において自己を受容することの大切さ」である。企業の知的生産性向上や職場の改善のために理想的な知識共有行動、人間関係、職場環境などを提示することは重要であるが、そのことはまた、そのように行動することを人々に強いることにつながる。理想のために、組織のために、他者のために自己を犠牲にして行動することは、一見、美しく見えるが、そのような行動は、心の中のエネルギーの枯渇を引き起こし、行動を継続することを困難にしてしまう恐れがある。

聖書の中に以下のような言葉がある。

「あなたの隣人をあなた自身のように愛せよ」(マルコ12章31節、新改訳)

この言葉には、隣人を愛するには自分を愛することが必要であるとの意味が含まれている。私自身、3人の子供たちの親として子育てに追われる日々が続き、また職場でも責任のある仕事が増えつつあり、理想的な親、教員、社会人

を目指すことの限界を痛感する中で、この聖書の言葉から、身の丈の自分を受け入れ、また愛することの大切さを学ばされている。

　この経験を通し、研究者として理想の組織像や人間像を提示するだけで良いのかとの疑問が生まれてきた。社会を見渡すと、ノルマに追われているビジネスマン、就職活動に振り回されている学生、溢れる育児情報に戸惑う親など、理想の社会人像や父親像・母親像親に囚われ、必要以上の背伸びを強いられて苦しんでいる人々の姿が目に入ってくる。このような社会に対して、ただ理想を示すだけではなく、現実を受け入れることの大切さをも伝える必要性を感じつつある。

　「職場において自己を受容することの大切さ」については、本書は未だ問題提起の段階であり、このテーマの検証は、今後の筆者の大きな課題である。一個人としてはテーマに対する想いを持ちつつも、研究者としては理論、データ、事実に対して謙虚でありつつ、研究を進めていきたいと思わされている。

　本書は中京大学企業研究所の叢書として出版されたが、出版の背後には研究所の皆様のご理解があった。また、本学の様々な先生方や大学院生と議論し、情報交換させていただいたことを通して、多くの知識、視点、ヒントを得ることができた。そして、学会において本書の内容を幾度も報告させていただいたが、参加者の方々との質疑応答や議論が内容に磨きをかける上で非常に貴重な機会となった。さらには、関連研究に取り組んでおられる方々に直接お会いする機会が与えられ、有益なアドバイスをいただいた。このように本書を執筆する上で刺激を与えてくださったお一人お一人にこの場をお借りしてお礼を申し上げたい。加えて本書は、学生時代に持った関心や疑問が土台となっている。この年になり、改めて学生時代の学びの重要さを実感させられている。この場をお借りして、学部、修士、博士それぞれの指導教員であった元大阪工業大学教授の村杉健先生、故・浅居喜代治先生、宇井徹雄先生に感謝の意を表したい。

　また、本書の事例研究において、インタビューにご協力いただいた、エイベックス株式会社、サイボウズ株式会社、DOWAホールディングス株式会社、未来工業株式会社の関係者の皆様にもお礼を申し上げる。編集作業に関わって

いただいた同文舘出版の角田貴信氏には、タイトなスケジュールの中で、丁寧に原稿に目を通していただくとともに具体的にアドバイスをいただき、感謝の意を表したい。

　本書は、私生活における人間関係の影響についても論じているが、そのテーマについて考えるきっかけとなったのが、まさに私生活における友人知人や家族との関係であり、人生において多くの刺激や励ましを与えてくださった、お一人お一人に感謝を申し上げたい。特に、年を重ねる中で忘れてしまったものを改めて思い出させてくれる3人の子供達、そして人生をともに歩んでくれる妻に心から感謝する。

　2015年1月

向日恒喜

組織における知識の共有と創造●目次●

まえがき　　　*i*

# 序　章

1. 現代社会と知識 …………………………………………………………… 1
2. 現代の企業経営 …………………………………………………………… 2
    (1) 集団主義への回帰　◆ *2*
    (2) 多様性の重視　◆ *2*
    (3) 動機づけ要因の変化　◆ *3*
    (4) 働きやすい職場への関心　◆ *3*
3. 本書の概要 ………………………………………………………………… 4

# 第1章　ナレッジ・マネジメントと知識

1. はじめに ………………………………………………………………… 7
2. 知識 ……………………………………………………………………… 7
    2.1　ナレッジ・マネジメントの概要 ──*7*
        (1) ナレッジ・マネジメント　◆ *7*
        (2) 背景　◆ *8*
    2.2　情報 ──*9*
        (1) 情報の定義　◆ *9*
        (2) 意味と記号　◆ *9*
    2.3　知識 ──*10*
        (1) Davenport and Prusakによる定義　◆ *10*
        (2) Burton-Jonesによる定義　◆ *11*
        (3) 野中らによる定義　◆ *12*
    2.4　本書におけるデータ、情報、知識 ──*13*

3. ナレッジ・マネジメントと関連概念…………………………………… 15
   3.1　グループウェア ―― 15
   3.2　組織学習と学習する組織 ―― 16
   3.3　知識創造 ―― 17
       (1) 知識創造　◆　17
       (2) SECI モデル　◆　18
   3.4　ナレッジ・イネーブリング ―― 20
       (1) ナレッジ・イネーブラー　◆　20
       (2) ケア　◆　21
   3.5　本書におけるナレッジ・マネジメント ―― 22

4. 知識の概念の再検討……………………………………………………… 23
   4.1　知識の2つの層 ―― 23
   4.2　知識共有のための知識 ―― 23
       (1) 共通基盤　◆　24
       (2) メンタル・モデル　◆　25

5. おわりに…………………………………………………………………… 27

# 第2章　ソーシャル・キャピタルの概要

1. はじめに…………………………………………………………………… 29
2. ソーシャル・キャピタル………………………………………………… 29
   2.1　ソーシャル・キャピタルとは ―― 29
       (1) 初期の研究　◆　30
       (2) Putnam の研究　◆　30
       (3) 企業経営の視点における研究　◆　31
       (4) 日本における研究　◆　32
       (5) 定義　◆　33

 2.2 信頼 —— *33*
 2.3 ネットワーク —— *34*
 2.4 橋渡し型と結束型の組み合わせ —— *35*
3. ナレッジ・マネジメントとソーシャル・キャピタルの研究課題 … *38*
4. おわりに……………………………………………………………… *39*

## 第3章　ナレッジ・マネジメントとソーシャル・キャピタルに関する先行研究

1. はじめに………………………………………………………………… *41*
2. 人間関係的要因………………………………………………………… *42*
 2.1 紐帯 —— *42*
 2.2 ソーシャル・キャピタル —— *43*
3. 組織的要因……………………………………………………………… *44*
 3.1 目的や価値観の共有 —— *45*
 3.2 信頼関係、一体感、社交的関係、援助関係　—— *45*
 3.3 自律性、挑戦 —— *47*
4. 個人的要因……………………………………………………………… *48*
 4.1 動機 —— *48*
 4.2 自己評価 —— *50*
5. 研究課題………………………………………………………………… *51*
  (1) ソーシャル・キャピタルと知識創造との関係　◆ *51*
  (2) 私生活の人間関係の影響　◆ *52*
  (3) 内発的動機と外発的動機の影響　◆ *52*
  (4) 自己評価の影響　◆ *53*
6. おわりに………………………………………………………………… *54*

# 第4章　ソーシャル・キャピタルと知識創造

1. はじめに……………………………………………………………………… 55
2. 研究背景……………………………………………………………………… 55
    2.1　知識創造プロセス ―― 56
    2.2　ソーシャル・キャピタル ―― 56
        (1) ソーシャル・キャピタル ◆ 56
        (2) 結束型／橋渡し型ソーシャル・キャピタル ◆ 57
    2.3　先行研究 ―― 58
3. 研究仮説……………………………………………………………………… 59
    3.1　共同化とソーシャル・キャピタル ―― 59
    3.2　表出化とソーシャル・キャピタル ―― 60
    3.3　連結化とソーシャル・キャピタル ―― 60
    3.4　内面化とソーシャル・キャピタル ―― 61
4. 研究方法……………………………………………………………………… 62
    4.1　調査方法 ―― 62
    4.2　尺度 ―― 64
        (1) ソーシャル・キャピタルの尺度 ◆ 64
        (2) 知識創造プロセスの尺度 ◆ 68
        (3) コントロール変数の尺度 ◆ 69
    4.3　分析方法 ―― 70
5. 分析結果……………………………………………………………………… 70
    5.1　コントロール変数の影響 ―― 70
    5.2　仮説の検証 ―― 72
        (1) 共同化への影響 ◆ 72
        (2) 表出化への影響 ◆ 73
        (3) 連結化、内面化への影響 ◆ 73

6. 考察 ………………………………………………………………… *73*
　6.1　社内の人間関係と社外の人間関係の影響 —— *73*
　6.2　対面／電子コミュニケーションの影響 —— *74*
　6.3　適用 —— *75*
　6.4　研究課題 —— *76*
7. おわりに ………………………………………………………… *77*

# 第5章　組織特性と知識創造

1. はじめに ………………………………………………………… *79*
2. 研究背景と仮説 ………………………………………………… *80*
　2.1　信頼関係 —— *80*
　2.2　自由な雰囲気 —— *81*
　2.3　外部変化への対応 —— *82*
　2.4　内部競争 —— *82*
3. 研究方法 ………………………………………………………… *83*
　3.1　調査方法 —— *83*
　3.2　尺度 —— *84*
　3.3　分析方法 —— *85*
4. 分析結果 ………………………………………………………… *86*
　4.1　コントロール変数の影響 —— *86*
　4.2　仮説の検証 —— *88*
5. 考察 ……………………………………………………………… *89*
　5.1　信頼関係の影響 —— *89*
　5.2　自由な雰囲気の影響 —— *89*

- 5.3 外部変化への対応の影響 —— 90
- 5.4 内部競争の影響 —— 90
- 5.5 結束型と橋渡し型の影響 —— 91
- 5.6 日本型組織とアメリカ型組織 —— 91
- 5.7 適用 —— 93
- 5.8 研究課題 —— 93
6. おわりに ……………………………………………………………… 94

# 第6章　仕事と私生活の人間関係と顧客志向の知識提供

1. はじめに ……………………………………………………………… 95
2. 研究背景 ……………………………………………………………… 96
   - 2.1 仕事関連の人間関係と知識共有 —— 96
   - 2.2 私生活の人間関係と知識共有 —— 97
     - (1) ダイバシティ・マネジメント ◆ 97
     - (2) ワーク・ライフ・バランス ◆ 98
     - (3) 私生活の人間関係の影響 ◆ 99
3. 研究仮説とリサーチ・クエスチョン ………………………………… 100
   - 3.1 研究仮説 —— 100
   - 3.2 リサーチ・クエスチョン —— 100
4. 研究方法 ……………………………………………………………… 101
   - 4.1 調査方法 —— 101
   - 4.2 尺度 —— 102
   - 4.3 分析方法 —— 105

5. 分析結果 …………………………………………………………… 106
　5.1　仮説の検証 ── 106
　5.2　層別分析 ── 106
　　⑴ 性別　◆　107
　　⑵ 職種別　◆　107
　　⑶ 企業の社外貢献姿勢　◆　108
　　⑷ 個人の社外貢献姿勢　◆　108
6. 考察 ………………………………………………………………… 108
　6.1　仕事関連の人間関係と私生活の人間関係 ── 108
　6.2　性別 ── 109
　6.3　職種 ── 110
　6.4　企業の社外貢献姿勢 ── 110
　6.5　個人の社外貢献姿勢 ── 111
　6.6　適用 ── 111
　6.7　研究課題 ── 113
7. おわりに …………………………………………………………… 114

# 第7章　仕事及び私生活の人間関係と知識獲得

1. はじめに …………………………………………………………… 115
2. 研究背景 …………………………………………………………… 116
　2.1　メイン知識、職務メンタル・モデル、職務外メンタル・モデル ── 116
　2.2　仕事関連の人間関係、私生活の人間関係と知識獲得 ── 117
3. 研究仮説 …………………………………………………………… 118
4. 研究方法 …………………………………………………………… 119

   4.1　調査方法 —— *119*

   4.2　尺度 —— *120*

   4.3　分析方法 —— *122*

5. 分析結果 ……………………………………………………………… *122*

   5.1　知識獲得場面と人間関係との関係 —— *122*

   5.2　知識獲得場面における人間関係の仕事の質への影響 —— *123*

6. 考察 …………………………………………………………………… *125*

   6.1　私生活の人間関係の影響 —— *125*

   6.2　職務メンタル・モデル —— *126*

   6.3　職務外メンタル・モデル —— *126*

   6.4　適用 —— *127*

   6.5　研究課題 —— *127*

7. おわりに ……………………………………………………………… *128*

## 第8章　知識提供動機と組織内自尊感情

1. はじめに ……………………………………………………………… *129*
2. 研究背景 ……………………………………………………………… *131*

   2.1　知識提供動機と知識提供行動 —— *131*

       (1) 自己決定理論と有機的統合理論　◆　*131*

       (2) 知識提供動機と知識提供行動　◆　*132*

       (3) 有機的統合理論と知識提供動機　◆　*132*

   2.2　組織内自尊感情と知識提供行動 —— *134*

       (1) 自尊感情　◆　*134*

       (2) 組織内自尊感情　◆　*134*

       (3) 組織内自尊感情と知識提供行動　◆　*135*

2.3　組織特性と知識提供行動 —— *136*
　　　(1) 組織特性と知識提供動機、知識提供行動　◆　*136*
　　　(2) 組織特性と知識提供行動の媒介要因　◆　*137*

## 3.　研究仮説 ………………………………………………… *138*
　3.1　知識提供動機と知識提供行動 —— *138*
　3.2　組織内自尊感情と知識提供動機 —— *139*
　3.3　組織特性と組織内自尊感情、知識提供動機 —— *140*

## 4.　研究方法 ………………………………………………… *142*
　4.1　調査方法 —— *142*
　4.2　尺度 —— *142*
　　　(1) 知識提供動機　◆　*143*
　　　(2) 組織特性　◆　*147*
　　　(3) 組織内自尊感情と知識提供行動　◆　*148*
　4.3　分析方法 —— *148*

## 5.　分析結果 ………………………………………………… *148*

## 6.　考察 …………………………………………………… *150*
　6.1　知識提供動機と知識提供行動 —— *150*
　6.2　組織内自尊感情と知識提供動機 —— *151*
　6.3　組織特性と組織内自尊感情 —— *152*
　6.4　適用 —— *152*
　6.5　研究課題 —— *154*

## 7.　おわりに ………………………………………………… *154*

# 第9章　事例分析

1. はじめに…………………………………………………………………… *157*
2. データ分析のまとめと検証課題…………………………………………… *157*
   - 2.1 第4章の結果 —— *157*
   - 2.2 第5章の結果 —— *160*
   - 2.3 第6章の結果 —— *161*
   - 2.4 第7章の結果 —— *161*
   - 2.5 第8章の結果 —— *162*
   - 2.6 検証課題 —— *163*
     - (1) 結束型と橋渡し型ソーシャル・キャピタルの共存　◆　*163*
     - (2) メンタル・モデルと共通基盤　◆　*164*
     - (3) 家族との人間関係　◆　*164*
     - (4) 組織内自尊感情と同一化的調整　◆　*164*
3. 未来工業株式会社………………………………………………………… *165*
   - 3.1 企業概要 —— *165*
   - 3.2 企業の取り組み —— *165*
     - (1) 差別化　◆　*165*
     - (2) 顧客を感動させる　◆　*166*
     - (3) 社員を感動させる　◆　*166*
   - 3.3 取り組みの解釈 —— *167*
4. DOWAホールディングス株式会社……………………………………… *168*
   - 4.1 企業概要 —— *168*
   - 4.2 企業の取り組み —— *169*
     - (1) 構造改革　◆　*169*
     - (2) ノンテリトリアル・オフィスの導入　◆　*169*
     - (3) 社外へのオープン化　◆　*170*
   - 4.3 取り組みのポイント —— *170*

5. エイベックス株式会社（切削研削加工業） ······················ 172
  5.1 企業概要 —— 172
  5.2 企業の取り組み —— 172
    (1) 従業員のスキルの向上 ◆ 172
    (2) 従業員の成長 ◆ 173
    (3) 経営者の姿勢 ◆ 174
  5.3 取り組みの解釈 —— 175

6. サイボウズ株式会社 ····························································· 176
  6.1 企業概要 —— 176
  6.2 企業の取り組み —— 177
  6.3 インタビュー概要 —— 177
    (1) 職場における行動の変化 ◆ 177
    (2) 製品、サービスにつながるアイデアやヒント ◆ 179
    (3) 自身の内面の変化 ◆ 179
    (4) 会社の取り組みへの応答 ◆ 180
    (5) 知識の提供 ◆ 181
  6.4 取り組みの解釈 —— 181

7. 考察 ································································································ 183
  7.1 メンタル・モデルに基づく共通基盤とソーシャル・キャピタル —— 183
  7.2 組織内自尊感情と同一化的調整 —— 184
    (1) 組織特性と組織内自尊感情 ◆ 184
    (2) 組織内自尊感情と同一化的調整 ◆ 185
  7.3 家族との人間関係 —— 186
  7.4 経営者の姿勢 —— 187

8. おわりに ························································································· 188

# 終 章

1. 本書で得られた知見……………………………………………191
   - 1.1 ソーシャル・キャピタルと知識創造との関係 ── 191
     - (1) 結果の概要 ◆ 191
     - (2) 学術的知見 ◆ 193
     - (3) 今後の研究課題 ◆ 194
     - (4) 実践的知見 ◆ 195
   - 1.2 私生活の人間関係の影響 ── 195
     - (1) 結果の概要 ◆ 196
     - (2) 学術的知見 ◆ 196
     - (3) 今後の研究課題 ◆ 197
     - (4) 実践的知見 ◆ 198
   - 1.3 内発的／外発的動機と自己評価の影響 ── 199
     - (1) 結果の概要 ◆ 199
     - (2) 学術的知見 ◆ 199
     - (3) 今後の研究課題 ◆ 200
     - (4) 実践的知見 ◆ 201
2. 結びに代えて……………………………………………202

参 考 文 献　*205*

初出リスト　*218*

索　　引　*219*

# 序　章

## 1.　現代社会と知識

　知識は社会、企業、組織の重要な資産であると指摘されるようになって久しい。このような主張の代表的なものとして、Drucker（1969）の「知識社会」の主張が挙げられる。Druckerは、経験や技能に基づいた旧来の産業の成長が鈍化する一方で、科学技術に基づいた新たな産業が台頭するに従い、知識を活用し、知識を生み出す知識労働者が中心になると指摘している。そして、知識労働者の労働意欲は、給料などの外的な報酬ではなく、自らの貢献を意識させることによって与えられると指摘している。また、Bell（1973）は「脱工業化社会」の議論において、脱工業化の進展に従い、サービス経済の創造、専門職・技術職階層の優位、理論的知識の優位が進み、財の生産社会から情報または知識社会へと転換すると指摘している。

　現代社会では、これらの予見の通り、自動化技術の進展により肉体を使ったルーチン的な仕事が減少し、技術や人などの資源を有効に活用するための知識が必要とされるようになってきている。また、経済成長が鈍化し、社会の不透明性が増す一方で、情報技術の進展により大量の情報が生み出される状況の下、情報の収集よりも、得られた情報をふるい分け、情報に基づいて適切な意思決定をすることが重要になり、選別や判断するための知識が必要とされるようになってきている。

　このような知識社会が進展する中、組織における知識の共有や創造に注目したナレッジ・マネジメントの概念が注目されるようになり、また知識の共有・創造を促進する規定要因に関心が寄せられるようになった（e.g., Nonaka and

Takeuchi, 1995; von Krough et al., 2000)。個人が持つ知識を組織の中で共有し、新たな知識の創造につなげていくには、個人から個人への知識の伝達が不可欠であることから、知識共有・創造の規定要因として人間関係やそれに関係する組織的要因、心理的要因が重要になると考えられる。

## 2. 現代の企業経営

このような知識社会の進展に伴い、企業もまた、その内側と外側、双方において大きな変化に直面している。

### (1) 集団主義への回帰

かつての日本企業の特徴として、「年功序列」や「終身雇用」(Abegglen, 1958)、人間関係に価値を置く「間人主義」(浜口, 1982)、誠実や努力、人との和など個人よりも集団を重視した「集団主義」(間, 1963) など、長期雇用、人間関係や集団重視に基づく高い凝集性が挙げられた。しかしバブル崩壊後には、このような日本的経営の特徴が、人件費の増加、同質性による従業員の自主性や自律性の欠如（新・日本的経営システム等研究プロジェクト, 1995)、新しい発想を持った人材の不足（中谷, 1993) をもたらすとの指摘がなされ、成果主義や雇用の柔軟性を中心としたアメリカ型の経営スタイルが注目されるようになった。これに従い、人材の流動化が活発になる一方で、個人主義の横行（荒井, 2009)、人材の流出とそれに伴う知識の流出（飯田, 2011) に直面し、改めて人間関係を重視することで社員の定着率やモチベーションを高める集団主義的な経営に注目が集まっている (e.g., 原, 2009)。

### (2) 多様性の重視

上記のように集団主義を見直す流れがある一方で、集団主義による高い同質性がもたらす硬直化や閉鎖化に対する反省から、組織の多様性を高めることに配慮する企業もみられる。近年、市場の成熟に伴い、顧客のニーズが多様化する中で、組織の中に多様な視点を取り込むことは、企業にとって重要な課題と

なっている。また、女性の社会参加意識の向上、グローバル化の進展などの環境の変化に伴い、人材の多様性を通して組織の活性化を目指すダイバシティ・マネジメント（谷口, 2005）に取り組む企業もみられるようになった。このダイバシティ・マネジメントを実現する施策の1つとして、仕事と私生活の両立を目指すワーク・ライフ・バランスが挙げられる。ワーク・ライフ・バランスは従業員のモチベーションや定着率の向上といった効果とともに（佐藤・武石, 2008）、多様な人材が増えることによる知識の触発が期待されている（白石, 2010）。

### (3) 動機づけ要因の変化

知識社会の進展に従い、人間に求められる仕事は、単純でルーチン的な仕事から創造性が必要とされる知的な労働へと変化しつつある。このような状況の中、人間を動かす動機が変化している。先述したように、Drucker（1969）は、知識労働者の労働意欲は外的な報酬から貢献意識に変化していると指摘しているが、Pink（2009）もまた、過去の動機づけの諸理論を概観し、世の中が個人の創造性が必要とされる社会へ変化しつつある中、報酬などによる外発的動機には限界があり、興味や関心に基づく自発的な内発的動機が重要になると指摘している。

### (4) 働きやすい職場への関心

近年、日本においても従業員や顧客などを大切にした企業が注目されるようになり、そのような企業を取り上げた著書が数多く出版され、また売り上げを伸ばしている（e.g., 坂本, 2008）。一方で、従業員を酷使し、また顧客を騙して不正に利益を上げるブラック企業も話題となっている（e.g., 今野, 2012）。このような良好な環境の企業と、その対極にある劣悪な環境の企業が注目されるようになった背景には、知識社会の進展により従業員の働く動機が報酬から貢献に変化しつつあること、人間関係を重視して定着率を向上させる経営への回帰が生じていること、多様な人材と多様な働き方が望まれるようになったことなど、上述した企業が直面している環境の変化があると考えられる。

以上、知識社会において企業が変化に直面する中で、働きやすい職場環境が注目されている一方で、このような職場環境が必ずしも拡大しているわけではない。その理由として、働きやすい環境が企業の生産性にもたらす効果について懐疑的な経営者が多いことが挙げられる。そのため、働きやすい環境を実現するためには、このような職場環境が企業にもたらす効果を明確にする必要がある。

## 3. 本書の概要

　上記の社会の背景に基づき、本書では企業組織を対象とし、ナレッジ・マネジメントと人間関係の視点から、働きやすい職場環境が企業の知的生産性に与える影響について注目する。具体的には知識の共有・創造を目的変数とし、これらを規定する要因として、人間関係、組織特性、動機などに注目する。
　第1章では、知識の共有・創造に関する理論であるナレッジ・マネジメントの概念を概観するとともに、その中心概念である知識の概念について、データや情報の概念と対比しながら確認する。第2章では、知識の伝達経路としての人間関係、信頼関係に基づいた人間関係、理念や価値観の共有に基づいた人間関係に関連した概念として、ソーシャル・キャピタルの概念を取り上げて概観し、ソーシャル・キャピタルの概念を用いて研究を進める意義について考察する。第3章では、ソーシャル・キャピタルやそれに関連する概念とナレッジ・マネジメントとの関係についての先行研究をレビューする。特に、ナレッジ・マネジメントについては、知識の伝達に関係の深い知識の共有・創造を中心にその規定要因を概観し、本書における研究課題を提示する。
　第4章から第8章では、これらの研究課題をアンケート調査で得られたデータを分析することで検証する。特に第4章と第5章では、ソーシャル・キャピタルと知識創造プロセスとの関係に焦点を当てる。第4章では、橋渡し型と結束型のソーシャル・キャピタルの概念と知識創造の各プロセスとの関係に注目し、具体的には、仕事関連の社内と社外の人間関係や、職場での対面と電子コ

ミュニケーションが、知識創造プロセスの共同化、表出化、連結化、内面化に与える影響について分析する。第5章では、第4章の結果も踏まえ、ソーシャル・キャピタルに関する組織特性と知識創造の各プロセスとの関係に注目し、組織の信頼関係、自由な雰囲気、外部変化への対応、内部競争の特性が、共同化、表出化、連結化、内面化に与える影響について分析する。

第6章と第7章では、仕事の人間関係とともに私生活の人間関係にも焦点を当てる。第6章では、仕事や私生活の人間関係と顧客志向の知識提供との関係に注目し、仕事関連の社内と社外の人間関係、私生活の友人知人や家族との人間関係が、顧客志向の知識提供行動に与える影響を分析する。第7章では、仕事における知識獲得場面に有益な人間関係に注目し、職場におけるアイデア、ヒント、規範、理念などの仕事に直接関係する知識や、仕事に直接関係しない社会への貢献の想いの獲得場面において、仕事関連の社内と社外の人間関係や私生活の友人知人や家族との人間関係の有益性を検討する。

第8章では、組織特性と知識提供行動の関係を媒介する要因として、個人の知識提供の動機や、その動機に影響を与えると考えられる組織内の個人の自尊感情に注目する。特に、知識提供動機の概念には、内発的動機に関係する自己決定理論を応用する。具体的には、組織の信頼関係、自由な雰囲気、内部競争が、組織内自尊感情と、自己決定理論に基づいて細分化された知識提供動機を介して、知識提供行動に与える影響について分析する。

第9章では、データ分析では不明確な点を明らかにするために、企業の事例を分析する。ここでは、未来工業株式会社（電気設備資材製造）、DOWAホールディングス株式会社（非鉄金属製錬業、環境・リサイクル事業）、エイベックス株式会社（切削研削加工業）、サイボウズ株式会社（情報通信業）を取り上げる。そして、終章では、第3章で提示した研究課題に従い、本書の知見を整理する。

# 第1章

# ナレッジ・マネジメントと知識

## 1. はじめに

　「序章」で述べたように、知識は現代社会において不可欠であり、知識の共有や創造を活性化させるために、多くの研究者がナレッジ・マネジメントに関する研究に取り組んでいる。本書でも、データ分析を中心にナレッジ・マネジメントの促進要因を明らかにすることを目的としているため、先行研究におけるナレッジ・マネジメントや知識に関する概念を、周辺概念との関係を整理しつつ明確にする必要がある。

　そこで本章では、ナレッジ・マネジメントに関する基本概念を概観するとともに、ナレッジ・マネジメントの中心の概念である「知識」の概念を確認する。

## 2. 知識

### 2.1　ナレッジ・マネジメントの概要[1]

#### (1) ナレッジ・マネジメント

　ナレッジ・マネジメントと知識の概念の詳細は後述するが、ここでは基本的概念を確認する。知識とは簡単には経験、価値、信念などと解釈され、データや情報よりも意味や価値を多く含んだ概念として扱われることが多い。このような知識を社内で共有し、また創造する活動をナレッジ・マネジメントと呼ぶ。野中・紺野（1999）は、ナレッジ・マネジメントを「知識の創造、浸透（共有・移転）、活用のプロセスから生み出される価値を最大限に発揮させるための、

プロセスのデザイン、資産の整備、環境の整備、それらを導くビジョンとリーダーシップ」(p. 53) と定義している。

具体的な取り組みとして、知識を共有するためのグループウェアや電子コミュニケーションなどの情報技術の活用、組織内における知識提供を促す制度の整備や組織文化の醸成などが挙げられる。これらの取り組みは組織内の知識の共有や創造に焦点が当てられているが、近年は組織の外にある顧客や取引先が持つ知識をも取り入れ、組織内の製品やサービスの開発に結びつける活動もみられ、ナレッジ・マネジメントが対象とする知識は、組織内だけではなく組織外を含めた幅広いものとなっている（越出, 2003）。このような知識の共有、そしてそれに基づく新たな知識の創造を通して、企業は新しい製品やサービスの開発、仕事の効率化の促進、個人や組織の能力の向上などの効果を得ることができる。

(2) **背景**

このようなナレッジ・マネジメントが注目された背景の1つに、知識共有のための情報技術の活用が挙げられる（アーサーアンダーセンビジネスコンサルティング, 1999）。情報技術の発展に伴い、1980年代以降、知識共有を目的としたデータベースやグループウェアなどの情報システムが開発されるとともに、企業を中心にそれらを導入することで社員間での知識の共有を支援することが試みられた。しかし、そのような情報システムを導入しても社員がシステムを利用せず、なかなか知識共有が促進しないという問題に直面した。

一方、ナレッジ・マネジメントが注目されたもう1つの背景として、組織論を中心とした経営学の分野において、組織における学習や、組織における知識の創造に関する研究が進められたことが挙げられる。古くは1960年代にDrucker (1969) などが知識社会の到来を予見していたが、Argyris and Schön (1978) による「組織学習」やSenge (1990) が提唱した「学習する組織」の概念が、組織内における知識の共有・創造に注目を集める大きなきっかけとなった。

そして、1995年にはNonaka and Takeuchi (1995) が、アメリカにおいて"The Knowledge Creating Company"（邦題『知識創造企業』）を出版し、日本企業

の強みとして「組織的知識創造」の技能・技術があるとの主張に基づき、日本企業を分析しつつ、知識創造のプロセスを明らかにすることを試みた。特に日本企業の事例を中心に、言語では表せない知識である「暗黙知」という概念を取り扱ったことから、海外の研究者からの注目を集めた。さらには、von Krough et al.（2000）が、知識創造を刺激する要因である「ナレッジ・イネーブリング」に関する議論を展開し、ナレッジ・マネジメントの促進要因に関する議論が深まっていった。

## 2.2 情報

### (1) 情報の定義

知識について論じる前に、まずその類似概念であるデータ、情報と知識との相違を明確にする必要がある。特に情報の概念は古くから様々な分野で議論が重ねられているが、吉田（1990）はそれらをも踏まえ、情報を最広義の情報から最狭義の情報まで4つのレベルに分類している。最広義の情報は「物質―エネルギーの時間的―空間的、また定性的―定量的なパタン」（p.3）とされ、物質やエネルギーの変化を指す。広義の情報は「意味を持つ記号の集合」と定義され、生命や自然に特徴的な自己組織の維持と関連し、遺伝情報や文化情報が代表的な事例とされる。狭義の情報は「意味を持つシンボル記号の集合」と定義され、人間社会独自のもので、ニュース、知識、意見、価値観などを含むとされる。最狭義の情報は「自然言語にみられる情報概念」とされ、伝達や意思決定など特定の意味に絞った概念を指す。

本書では人間社会を対象とすることから、狭義の「意味を持つシンボル記号の集合」との定義が最も近いものとなる。

### (2) 意味と記号

意味と記号のうち、意味は、受信者にとっての意味と、発信者にとっての意味に大別される。受信者にとっては、自身の意思決定において最適な判断や選択をするための意味があり、発信者にとっては、他者の意思決定の支援や、自身の知識や感情を共有するとの意味が挙げられる。

そして、発信者側の意味を伝えようという意図の有無にかかわらず、受信者にとって意味があることが重要となる。たとえば、野球に興味のある発信者が、野球に興味のない受信者に対して野球に関する言語を発しても、それは受信者の意思決定に影響を与えない。一方で、嘘をつこうとしている発信者が、騙されないように注意している受信者に対して、嘘の内容の言語を発すると同時に、意図せずに落ち着かない仕草をも発していた場合、受信者は発信者の意図しない仕草から嘘であるとの情報を受け取る。また、雨が降り出した音がした際、洗濯物をベランダに干していた受信者が、その音を聞いて洗濯物を取り込むという行動を取った場合、自然現象から生じた音から、洗濯物が濡れるという情報を受け取っている。このように、受信者が意思決定の必要性を認識しているときに、外部からの言語や刺激などの記号が意味ある情報として受け取られることから、特に受信者にとっての意味が重要となる。

一方で記号は、上記の例のように、組織的にかつ明示的に体系化された文字や言葉などの言語記号、習慣的にかつ暗黙的に体系化された表情や仕草などの非言語記号、自然現象がもたらすパターンなどがある。このうち、言語記号によるコミュニケーションを言語コミュニケーション、非言語記号によるコミュニケーションを非言語コミュニケーションと呼んでいる（Richmond and McCroskey, 2004）。

## 2.3　知識

知識の定義に関しては、ナレッジ・マネジメントの文献において、意味と記号の視点を踏まえつつ、情報やデータと対比されながら議論がなされている。以下に代表的な議論と定義を紹介し、本書における知識の概念を明確にする。

### (1) Davenport and Prusakによる定義
#### ① データ

Davenport and Prusak（1998）は「データとは、何事かに関する事実の集合であり、一つひとつの事実の間には関係づけがなされていない」（邦訳, p.17）と述べており、経営組織の文脈では、取引の記録を挙げている。またデ

ータには意味が内在されておらず、意思決定の材料の一部であるものの、何をなすべきかを示すことはできない。ただし、データは情報を作り出す上では組織にとって重要である。

② 情報

情報を「文書や見たり聞いたりできるコミュニケーションという形を取ったメッセージ」(邦訳, p.17) と捉えており、メッセージの発信者と受信者の存在を指摘し、特に受信者に変化をもたらすかどうかが重要であると述べている。データを情報に変換するには、文脈を考える、分類する、計算する、修正する、圧縮することが必要であるが、コンピュータは文脈を考える上では役に立たず、また、分類する、計算する、修正する、圧縮することについても人の手を借りなければ行なうことができない。

③ 知識

「知識とは、反省されて身についた体験、様々な価値、ある状況に関する情報、専門的な洞察などが混ぜ合わさった流動的なものであり、新しい経験や情報を評価し、自分のものとするための枠組みを提供する」(邦訳, p.23) と定義し、組織の日常業務、プロセス、慣行、規範の中に埋め込まれていると述べている。情報を知識に変換するためには、比較、結果、関係、会話が必要であり、これらの知識創造行為は人間の中、あるいは人間と人間の間で行なわれる。

## (2) Burton-Jonesによる定義

Burton-Jones (1999) は、人間や機械がやりとりする記号や合図をすべて包括して「データ」と呼び、データのうち、受け手が理解できるものを「情報」と区別している。さらに、情報の受信者は獲得した情報を利用して別の情報を得たり技能を身につけたりするが、この獲得した情報を脳が処理する（考えたり、認識したりする）プロセスの中から生まれた二次的な情報や技能の集合体を知識と定義している。そして、前提となる知識が豊富であるほど、新しいデータの価値を評価して、それを有効活用することができ、情報の価値は、受け手の知識レベルによって変わると述べている。これらに基づき、データから、情報、知識に変化するに従い、意味や価値が増えていくと捉え、それを図1.1

図1.1　Burton-Jonesによる知識、情報、データの区分

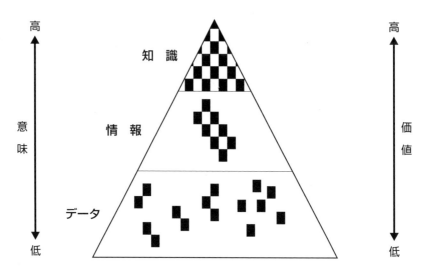

（出所：Burton-Jones (1999), 邦訳, p.20）

のように示している。

### (3) 野中らによる定義

　近年のナレッジ・マネジメントの研究に大きな影響を与えた野中らは（e.g., Nonaka and Takeuchi, 1995; 野中・紺野, 2003）、知識を「正当化された信念」と定義し、知識は特定の文脈においてのみ意味を持つ点では情報と類似しているが、信念やコミットメント、目的を持った行為に密接に関わっているという点で、情報と異なると述べている。また、情報には形式的、量的な側面と意味的な側面があり、知識創造には意味的な側面がより重要であると述べている。

　そして知識を、言葉や文章で表すことが難しい文脈に依存した「暗黙知」と、言葉や文章で表現できる客観的で理性的な「形式知」に分けている（表1.1）。具体的には暗黙知としては信念、経験、ノウハウなどが挙げられ、形式知として文章化されたマニュアルや、経験やノウハウのデータベースなどが挙げられ、形式知の方が情報技術との親和性が高いとされる。

**表1.1 暗黙知と形式知**

| 暗黙知 | 形式知 |
|---|---|
| ● 言語化しえない、言語化しがたい知識<br>● 経験や五感から得られる直接的知識<br>● 現時点の知識<br>● 身体的な勘所、コツと結びついた技能 | ● 言語化された明示的な知識<br>● 暗黙知から分節される体系的知識<br>● 過去の知識<br>● 明示的な方法・手順、事物についての情報を理解するための辞書的構造 |
| ● 主観的、個人的<br>● 情緒的、情念的<br>● アナログ知、現場の知<br>● 特定の人間・場所・対象に特定・限定されることが多い | ● 客観的・社会（組織）的<br>● 理性的・論理的<br>● デジタル知、つまり了解の知<br>● 情報システムによる補完などにより場所の移動・移転、再利用が可能 |
| ● 身体経験を伴う共同作業により共有、発展増殖が可能 | ● 言語的媒介を通じて共有、編集が可能 |

（出所：野中・紺野(1999), p.105）

　さらに暗黙知に関しては、認知的な側面と技術的な側面があると述べている。認知的な側面としては、世界観、パースペクティブ、信念、視点などを含んだ、世界の実用モデルである「メンタル・モデル」によって代表される。また技術的な側面には、具体的なノウハウ、技巧、技術などを含むとされる。

## 2.4　本書におけるデータ、情報、知識

　以上の概念を、意味と記号の側面から整理すると、図1.2のように示すことができる。縦軸は意味と記号の比率、横軸に意味の量を示す。ただし、記号は言語と非言語に区別することができ、言語と非言語の比率は状況によって異なるものの、ここでは便宜上、両者は基本的に等しいとして表現する。

　上記のデータと情報の定義からすると、意味が希薄な状況から意味が濃密になるに従い、データから情報へ移行すると考えられる。さらに知識には信念、価値、経験などが含まれ、より意味の割合が高くなるため、意味がさらに濃密になることで知識に移行すると考えられる。

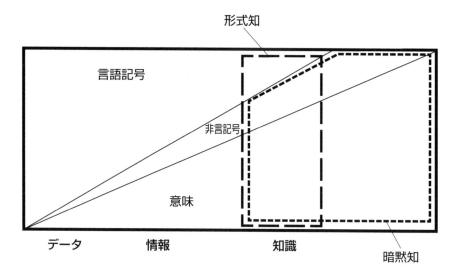

図1.2　本書におけるデータ、情報、知識

　この分類に従い暗黙知と形式知を表現する場合に、いくつかの表現の仕方が考えられる。たとえば、暗黙知を表現できないものと捉える場合、暗黙知を知識の意味の部分のみを指すとの表現の仕方がある。ただ、ナレッジ・マネジメントの議論においては、暗黙知も共有する対象であり、後述するように、暗黙知は、二者が同じ空間でともに作業をする状況において経験を共有するなど、主に非言語コミュニケーションを通して一方から他方に伝達するものとして捉えられており、記号のうちの非言語の部分が含まれている。そのため、本書では暗黙知は知識のうち、意味と非言語記号を含んだものと捉えることとする。
　一方、形式知は、言語記号によって表出された知識と捉えられるが、その言語記号の下地には意味や非言語記号によって表出される暗黙知が存在する。そこで、本書において形式知は、言語記号、非言語記号、意味を含んだ知識を指すこととする。ただし、暗黙知が言語によって表出することにより、意味が希薄になることから、元来、意味の豊かな暗黙知が形式知化することで、意味の比率が減少する、つまり、図1.2では左側に移動するような変化が生じると考えられる。

## 3. ナレッジ・マネジメントと関連概念

### 3.1 グループウェア

　ナレッジ・マネジメントが注目された背景には、情報技術を活用した、データ、情報、知識の蓄積、伝達、共有の試みが挙げられる。1980年代に入ると、人間の共同作業を、情報技術を活用して支援するソフトウェアやハードウェアの研究がなされるようになった。学術面ではコンピュータや通信分野の研究者、心理学の研究者を中心としたCSCW（Computer Supported Cooperative Work）と呼ばれる研究領域が登場した。これはコンピュータによる支援（CS）と共同作業（CW）の研究の組み合わせであり、前者の支援は主にコンピュータや通信分野の研究者、後者の共同作業は心理学者を中心に研究が進められるとともに、共同作業を支援する技術の開発が進められた（石井, 1994）。

　一方、経営情報システム分野の意思決定の研究者を中心として、意思決定支援システム（DSS：Decision Support System）から派生した、集団意思決定支援システム（GDSS：Group Decision Support System、後にGSS：Group Support Systemと呼ばれる）の研究領域が確立した。この分野では集団における意思決定の質を向上させることが大きな目的であり、その規定要因として技術、組織、心理的要因に関する研究が進められた（宇井, 1995）。

　これらの研究を応用したグループ活動を支援するシステムをグループウェアと呼び、製品として市場に送り出されるようになった。初期のグループウェアの研究者であるJohansen（1988）はグループウェアを「共同作業をするワークグループ専用に設計されたコンピュータ支援型システムの総称」（邦訳, p.17）と定義し、当時のグループウェアの概念は、電子メール、ワーク・フロー、共同執筆、テレビ会議など、共同作業を支援するあらゆるシステムを含んだ幅広いものとして捉えられていた。

　このような中で、アメリカのLotus Development社が1989年にグループウェア製品としてNotesを販売した。初期のNotesはデータベース技術を土台と

した電子メール、電子会議（テキストベース）、文書データベース、ワーク・フロー、ToDoリスト、スケジュール管理などの機能が中心であったため、1990年以降、一般のビジネスの現場では、グループウェアは上記のような機能を持ったシステムを指すことになった。ただ、この時期のグループウェアは、専用のソフトをサーバとともにクライアントのPCにもインストールする必要があったため、導入・運用には費用と手間のかかるものであった。90年代後半になると、インターネットの普及により、業務に電子メールや掲示板を活用することが容易になったとともに、インターネットの技術を活用したシンプルで安価なグループウェアが登場し、中小企業にもグループウェアが導入されるようになった。

　このようなグループウェアを代表とした共同作業支援システムの普及により、企業では情報や知識の共有が試みられるようになったが、単なる記録や文書の共有だけではなく、個人の経験やノウハウなどの共有や、ディスカッションを通した新たなアイデアの創造など、知識の共有や創造も試みられるようになった（國藤, 2001）。しかしながら、企業はグループウェアを導入しても、それだけでは従業員は情報や知識を投稿しないという現実に直面し、情報や知識の共有は、単なる技術の問題ではなく、従業員を取り囲む組織の問題であり、また従業員自身の問題であると捉えられるようになった。

## 3.2　組織学習と学習する組織

　ナレッジ・マネジメントに近接する理論として、個人ではなく組織の学習に焦点を当てた「組織学習（organization learning）」の理論が挙げられる。Argyris and Schön（1978）は、組織学習を「組織メンバーの個人を通じて行われる行動・価値観の修正や再構築のプロセスである」（中原, 2010, p.32）と述べ、「シングルループ学習（single-loop learning）」と「ダブルループ学習（double-loop learning）」という概念を提案している。シングルループ学習は、既存の方針を維持・継続したり、目的を達成するプロセスであり、ダブルループ学習は、基本方針や目的などを見直す問いかけである（Argyris, 1977）。

　その後、組織学習においては、組織内で作り出されたルールや手続きが、組

織内に記憶・蓄積される「組織記憶（organizational memory）」の概念や（Levitt and March, 1988）、組織内に蓄積されている知識で不適切になったものを棄却する「学習棄却（unlearning）」の概念（Hedberg, 1981）などが提案され、研究が進められているが、主に個人よりも組織における学習や知識の蓄積に注目している。

一方、Senge（1990）は「学習する組織（learning organization）」という概念を提示した。学習する組織とは「人々がたゆみなく能力を伸ばし、心から望む結果を実現しうる組織、革新的で発展的な思考パターンが育まれる組織、共通の目標に向かって自由にはばたく組織、共同して学ぶ方法をたえず学び続ける組織」（Senge, 1990, 邦訳, pp.9-10）と定義されているが、主に個人の学習を促進する組織について議論しており、組織学習に比べて個人に焦点が当てられている（白石, 2009）。ただし、学習する組織の議論において、Senge（1990）は心の中に固定化されたイメージや概念である「メンタル・モデル」に注目するとともに、このメンタル・モデルによって行動が縛られることがあることから、Argyris and Schön（1978）のダブルループ学習の概念に基づき、現行のメンタル・モデルを見直し、新たなメンタル・モデルを形成する必要を指摘している。以上から、組織学習と学習する組織、両議論の共通点の1つに、前提となっている目的やイメージなどを見直すことの重要性が挙げられる。

## 3.3　知識創造

### (1) 知識創造

Nonaka and Takeuchi（1995）は、知識を暗黙知と形式知に区別し、それらの変換プロセスから知識が創造される「知識創造スパイラル」や、知識創造のプロセスを5段階に分類した「ファイブ・フェイズ・モデル」などを提案し、それらに従い日本企業の知識創造を説明している。この著書が英語で出版されたこと、成長している日本企業を取り上げていること、目に見えない暗黙知という概念を取り扱っていることから、海外の研究者の注目を集め、特に暗黙知と形式知の概念とそれに基づいた知識創造スパイラルの概念は、数多くの海外のナレッジ・マネジメントの研究に引用されるに至った。

## (2) SECIモデル

知識創造スパイラルでは、暗黙知と形式知との変換を、共同化（socialization）、表出化（externalization）、連結化（combination）、内面化（internalization）の4つのプロセスから説明している（図1.3）。これらのプロセスは、英文の頭文字からSECI（セキ）モデルと呼ばれるようになったが、以下に、各プロセスの概要を説明する。

### ① 共同化

暗黙知から暗黙知への変換プロセスであり、経験の共有を通して他者の所有する暗黙知を獲得することである。たとえば、合宿形式の研修を通して議論を

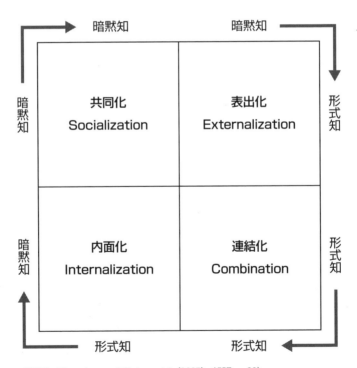

図1.3　知識創造プロセスのSECIモデル

（出所：Nonaka and Takeuchi（1995），邦訳, p.93）

交わしつつメンタル・モデルを共有することや、熟練者に弟子入りして、その技能を観察、模倣、訓練によって獲得することなどが挙げられる（Nonaka and Takeuchi, 1995）。このような場面は暗黙知の共有の側面が強く、人間関係においては、暗黙知を所有する個人と暗黙知を獲得する個人との二者間の関係が中心となる。

② 表出化

暗黙知から形式知への変換プロセスであり、暗黙知の言語変換を通して個人に内在する暗黙知をコンセプト、仮説、モデルなどの形式知として明示し、集団知に発展させることである。たとえば、製品開発における対話を通してのコンセプトの明示や（Nonaka and Takeuchi, 1995）、熟練者の技能のマニュアル化が挙げられる（野中, 2003）。このような場面は暗黙知から形式知を作り出すとともに、その形式知を共有する場であり、人間関係においては、暗黙知を形式知化して提供する個人と、形式知を獲得する複数の人々との関係が重要となる。

③ 連結化

形式知から形式知への変換プロセスであり、表出化により形成されたコンセプトを組み合わせて新たな知識体系を作り上げ、具体化することである。スーパーにおける販売促進方法の開発、製品開発におけるプロトタイプの設計や具体的な製品の開発などが挙げられる（Nonaka and Takeuchi, 1995）。このような場面は多様な形式知を統合する場であり、人間関係においては、形式知を所有した複数の人々と、形式知を獲得して統合する個人との関係が重要となる。

④ 内面化

形式知から暗黙知への変換プロセスであり、連結化によって形成された形式知に従って行動し、その経験を通して暗黙知を獲得することである。たとえば、企業の時短の取り組みにおいて短時間労働を経験することや（Nonaka and Takeuchi, 1995）、OJTやノウハウ研修（野中・紺野, 1999）が挙げられる。このような場面は形式知を実践する場であり、個人の行動が中心となるが、その個人を取り巻き、その行動を見守る人々との関係が重要となる。

## 3.4 ナレッジ・イネーブリング

### (1) ナレッジ・イネーブラー

知識創造の議論をきっかけにナレッジ・マネジメントに注目が集まるようになり、多くの企業がその実践を試みたが、思い通りに知識創造や知識共有が進まないという問題は残り続けた。そのような中、von Krough et al.(2000)により、知識創造を促進させる組織活動であるナレッジ・イネーブリング、そして促進要因であるナレッジ・イネーブラーという概念が提案された。彼らは知識創造における個人の障害として、個人の知識受け入れ容量の限界、自己イメージの変化に対する恐怖を挙げ、また、組織の障害として、共通言語の必要性、組織のストーリー、業務手順、企業パラダイムを挙げ、これらを克服するために以下の5つのイネーブラーを提案している。

① ナレッジ・ビジョンの組織内における浸透

優れたナレッジ・ビジョンにより、企業の進む方向へのコミットメントが生じ、組織の創造力や独自性が生み出され、さらには企業価値が外部に伝達されていく。

② 従業員間の会話のマネジメント

会話を通して既存の知識を確認し、また新しい知識を創造する。特に、会話を通して知識の創造を実現するための原則として、積極的な参加の呼びかけ、会話のエチケットの規定、会話の適切な編集、革新的な言葉の育成が奨励される。

③ ナレッジ・アクティビストの動員

知識創造のきっかけを作り、その取り組みを組織化し、また未来を予見するナレッジ・アクティビストを動員することで、組織全体における知識創造への取り組みを活性化させ、それらの取り組みを結びつけていく。

④ 適切な知識の場作り

強固な人間関係と協力し合う組織構造から構成され、人が様々なものを共有する場を提供する。社内会議やプロジェクトチーム、ネット上のコミュニティ

などが挙げられるが、メンバーの自主性、適度な冗長性、多様な人材、高いケアなどが良い場の前提条件となる。

⑤ ローカル・ナレッジのグローバル化

物理的、文化的、組織的、経営的障壁を崩すことで、ローカルな知識を組織全体で共有する。きっかけ作り、知識のパッケージ化と移転、移転先の状況に合わせた知識の再創造、の3つの過程からなる。

(2) **ケア**

von Kroughらはさらに、上記のイネーブラーが有効に機能するためには、マネージャーや従業員に、以下の特徴によって説明されるケアが必要だと主張している。

① 相互信頼

自分の教えや奨めに対し、相手が個人的な価値を認めて取り組む、と信じることで援助を提供でき、また相手が善意を持っていると信じることで援助を受け入れることができる。

② 積極的な共感

自ら進んで相手の立場に立って、相手の状況、興味関心、問題などを理解することにより、相手が望んでいることを推測し、理解することができる。

③ 進んで助け合うこと

共感に従って実際に行動して援助するとともに、援助を求める人が接近しやすいように配慮することで、援助が行き渡る。

④ 寛大な判断

寛大な判断を下すことで、個人が実験的な試みに挑戦することを通して成長していく。

⑤ 勇気

同僚の挑戦を受け入れる勇気、自分が挑戦する勇気、自分のアイデアなどが精査されることに対する勇気、相手の成長を促すために自分の意見をいう勇気が必要である。

ケアは以上の特徴を持つが、このケアが低い典型的な状況は過当競争であり、そのような状況では人々は知識を独占して他者とは共有せず、自分にとってメリットがある知識を取引するようになる。そのため、取引が可能な明示化された形式知のみが交換され、暗黙知は共有されにくくなる。これに対し、ケアが高い状況では、人々は積極的に知識を提供して他者の役に立とうとし、他者の経験やコンセプトを自分に取り込み、その視点から考えて行動するようになる。また、ケアはイネーブラーが機能する上で重要であるが、会話のマネジメントなどのイネーブラーがケアの環境を強化する側面もある。

## 3.5　本書におけるナレッジ・マネジメント

　先述したように、野中・紺野（1999）は、ナレッジ・マネジメントを「知識の創造、浸透（共有・移転）、活用のプロセスから生み出される価値を最大限に発揮させるための、プロセスのデザイン、資産の整備、環境の整備、それらを導くビジョンとリーダーシップ」（p. 53）と定義していた。また、ここまで概観したように、ナレッジ・マネジメントに関連する研究では、組織における従業員の知識創造活動や、知識創造活動を促進する個人間における知識の提供や獲得、さらには創造・提供・獲得を促進するための仕組み作りに焦点を当てていた。そこで本書では、ナレッジ・マネジメントを「組織における知識の共有・創造活動とそれを促進する取り組み」と定義し、主に知識の共有や創造に焦点を当てる。知識の創造は、SECIモデルの共同化、表出化、連結化、内面化のプロセスを基本とし、特にこれらのプロセスの活動を強調する際には「知識創造プロセス」と呼ぶ。また知識の共有に関しては、組織における従業員間の知識の交換に基づく知識共有に焦点を当てる際には「知識共有」との言葉を用いるが、知識共有のための個人の知識提供行動に焦点を当てる際には「知識提供」、知識獲得行動に焦点を当てる際には「知識獲得」との言葉を用いる。

　また、上記のナレッジ・マネジメントの議論から、ナレッジ・マネジメントは、組織における知識の共有や創造を対象としているが、その活動は人間関係に密接に関わっている。知識創造のSECIモデルは、人間の間で知識の移転がなされる様子を説明しており、人間関係が知識の伝達経路となっていることを

示している。またナレッジ・イネーブリングにおけるケアの重要性の議論は、信頼や相互援助などの人間関係が知識共有の動機を高める基盤となることを説いている。このように、知識の共有・創造を検討する上で人間関係を考慮することは不可欠であると考えられる。

## 4. 知識の概念の再検討

### 4.1 知識の2つの層

　以上、知識とナレッジ・マネジメントに関する主要議論を概観したが、これらに基づき、知識の概念を2つの層に区別する。

　1つめの概念として、製品やサービスに直結する知識が挙げられる。企業における知識の重要性に関する議論の背景には、企業の革新的な製品やサービスを開発するという目的の存在がある。つまり、革新的な製品やサービスの開発に直結する技術、技能、アイデア、ヒントなどに関する知識がある。たとえば、知識スパイラルの事例で挙げられている熟練者の技能、製品のコンセプトやプロトタイプなどがこれに該当する。一般にイノベーションに関する議論においては、このような製品・サービスに直結する技術や技能に焦点が当てられる。

　2つめの概念として、製品やサービスに直結しない知識が挙げられる。先述した知識やナレッジ・マネジメントの議論において、製品・サービスに直結する知識だけではなく、ビジョン、価値観、仕事の進め方など、製品・サービスの開発のベースとなる知識の共有の重要性についても議論がなされている。たとえば、学習する組織や知識創造において述べられているメンタル・モデルや、ナレッジ・イネーブラーで触れられているビジョンの共有がこれに該当する。このような知識は、具体的な製品・サービスの開発に取り組む前に共有される必要があり、知識の共有や創造のための知識と位置づけることができる。

### 4.2 知識共有のための知識

　上記のように、製品・サービスに直結する知識を共有するために、事前に共

有すべき知識が存在する。以下で、この知識共有のための知識について検討する。

### (1) 共通基盤

　知識共有のための知識について考える上で有益な概念として、コミュニケーションの分野におけるコードモデルと共通基盤の概念が挙げられる。コードモデルとは、意味と記号が一緒に伝わるのではなく、発信者の頭の中で、発信者が持つ言語に基づき意味が記号に変換され、その記号のみが受信者に伝達され、受信者の頭の中で、受信者が持つ言語に基づき記号が意味に変換されることにより、情報が伝わると考えるモデルである（岡本, 2013）。そのため、厳密には情報が伝わるのではなく記号のみが伝達され、意味が正しく伝わるためには発信者と受信者が言語や文脈などを共有する必要がある。

　Clarkら（Clark, 1996; Clark and Carlson, 1981）は、会話者間で共有された知識、信念、仮定などを「共通基盤（common ground）」と呼び、発信者が記号に込めた意味を、受信者が正しく解釈するためには、両者の間に共通基盤が築かれる必要があると述べている（岡本, 2010）。両者の間に共通基盤を築くためには、共通基盤を築くための情報交換が必要となり、言い換えれば共通基盤のための共通基盤が必要となる。そのためには、さらなる共通基盤を築く必

**図1.4　共通基盤と情報の伝達**

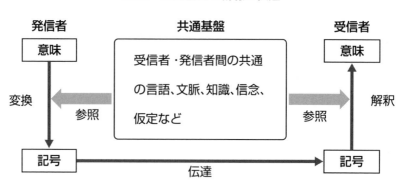

（出所：岡本（2013）, pp.56, 57を参考に筆者作成）

要があるという無限の連鎖を仮定する必要があるが、現実には、人間はその場面や共通の社会背景などに基づき、相手の意図を推測している（Clark and Marshall, 1981; 岡本, 2010）。

　このような共通基盤は、言語だけではなく、知識や信念が含まれており、これはNonaka and Takeuch（1995）が述べるところの、世界観、パースペクティブ、信念、視点などを含んだ暗黙知の認知的な側面の概念と類似した概念である。

### (2) メンタル・モデル

　ナレッジ・マネジメントの分野においても、知識共有のための知識に注目した概念がみられる。たとえば、白石（2003）はナレッジ・マネジメントのプロセスを説明する中で、知識共有のための知識を「メタナレッジ」と呼んでいる。Badaracco（1991）は、取引関係における知識の役割について検討し、その中で取引関係における規範、態度、意思決定の方法などの中に存在する「密着型知識（embedded knowledge）」の概念を提案し、チーム内、企業内、企業間での協働において密着型知識の共有が重要であると論じている。また松平（2014）は、知識創造を促進する要因として、集団レベルで意図的に形成され習慣化した慣習である暗黙知を「エートス」と呼び、エートスの共有が知識創造の基盤として重要であることを事例の分析を通して示している。

　さらに、協働作業を円滑に進めるために必要な、仕事の手続き、人間関係、チームメンバーなどに関する知識である「メンタル・モデル」の概念がある。Cannon-Bowers et al.（1993）は、チームにおける意思決定の質の向上にはメンタル・モデルが重要であると考え、先行研究をレビューするとともに、Rouse and Morris（1986）の定義に従い、メンタル・モデルを「人々が生み出したシステムの目的や構造の特徴、システムの機能や観察されたシステムの解釈、将来のシステムの予想」（Rouse and Morris, 1986, p.360）と捉えている。簡単には、物事をコントロールする上でのその物事のイメージということができる。このようなメンタル・モデルの概念は、チームの生産性の研究で、チーム作業を進める前に共有すべき知識として位置づけられ、メンタル・モデルが

共有されているチームの生産性が高くなることが明らかにされている（e.g., Mathieu et al., 2000; Zhou and Wang, 2010）。

　先述したように、ナレッジ・マネジメントに関連する議論において、このメンタル・モデルに注目した研究がみられた。「学習する組織」の議論においてSenge（1990）は、メンタル・モデルを心の中に固定化されたイメージや概念として捉え、メンタル・モデルによって行動が縛られることがあることから、これらを見直し、新たなメンタル・モデルを形成する必要を指摘している。また、Nonaka and Takeuch（1995）は、知識を形式知と暗黙知に二分し、さらに暗黙知を技術的な面と認知的な面に分け、認知的な暗黙知の代表的なものとして、世界観、信念、視点といったメンタル・モデルを挙げている。そして、知識創造プロセスにおける暗黙知の共有である共同化のプロセスは、メンタル・モデルを同じ方向に向ける活動であると述べている。このようなメンタル・モデルは、企業組織においては、企業の価値観に基づき、目的、理念、規範などの形で具体的に表現されると考えられる。

　本書では、上記の先行研究を受け、ナレッジ・マネジメント活動のために事前に必要な、目的、理念、規範、価値観などの知識を「メンタル・モデル」と呼ぶこととする。上述したように、メンタル・モデルそのものの研究では、メンタル・モデルの概念は、仕事の手続き、人間関係など、仕事を進める上で事前に必要な知識として位置づけられた、やや具体的な概念ではあるが、ナレッジ・マネジメント関連の研究では、イメージ、世界観、信念、視点など抽象的な概念として捉えられている。本書では、メンタル・モデルを後者の抽象的で暗黙知的な側面の強い概念として捉える。これに対し、一般にナレッジ・マネジメントでは製品、サービスや、それらに直結する業務に関する知識が議論の中心であることから、このような知識を通常は「知識」と呼ぶが、メンタル・モデルと比較する際には「メイン知識」と呼ぶ。そして、このようなメンタル・モデルが共有されているときに、メイン知識の共有が円滑になることから、複数の人間同士におけるメンタル・モデルの共有は一種の共通基盤と捉える。

## 5. おわりに

　以上、本章では知識とナレッジ・マネジメントの概念について概観し、本書における知識やナレッジ・マネジメントの概念について確認するとともに、これらの概念の特徴について考察し、以下の特徴が導き出された。

1）情報、そして知識は受け手にとって意味のあるものである。
2）ナレッジ・マネジメントは、組織における知識の共有・創造活動とそれを促進する取り組みである。
3）ナレッジ・マネジメントの促進要因を検討する上で、人間関係を考慮する必要がある。
4）知識を共有・創造するためには事前にメンタル・モデルを共有し、共通基盤を築くことが必要である。

　特に、ナレッジ・マネジメントは人間同士における知識の共有が基盤となっていることから、ナレッジ・マネジメントの促進要因を検討する上で、人間関係に関しての議論にも目を向ける必要がある。そこで、第2章では、人間関係に注目した概念である「ソーシャル・キャピタル」について概観する。

---
注

1）ナレッジ・マネジメントの概要の記述に関しては、向日（2013）を参考にした。

# 第2章
# ソーシャル・キャピタルの概要

## 1. はじめに

　第1章で概観したように、ナレッジ・マネジメントの活動は人間関係と密接に関わりあっている。知識創造のSECIモデルは、人間の間で知識の移転がなされる様子を説明しており、人間関係が知識の伝達経路となっていることを示している。また、ナレッジ・イネーブリングにおけるケアの重要性の議論は、信頼や相互援助などの人間関係が知識共有の動機を高める基盤となることを説いている。さらに共通基盤やメンタル・モデルの概念は、共通の理念や価値観などの暗黙知が複数の人間で共有されている状況を表し、理念や価値観の共有に基づいて人間関係の基盤が形成されることを示している。

　このような知識の伝達経路としての人間関係、信頼関係に基づいた人間関係、理念や価値観の共有に基づいた人間関係に注目した概念として、ソーシャル・キャピタルの概念が挙げられる。本章では、それらの概念を概観し、ナレッジ・マネジメントとの接点について考察する。

## 2. ソーシャル・キャピタル

### 2.1 ソーシャル・キャピタルとは

　組織が経済的資本や人的資本に投資しても十分な成果が上がらない状況がみられる中、それらの資本の効果を左右する要因として、ソーシャル・キャピタルという概念が注目されるようになった。日本語に直訳すると「社会資本」と

なり、電気、ガス、道路等のインフラと混同されることから、最近では「社会関係資本」と訳されることが多い（宮田，2005a）。

### (1) 初期の研究

ソーシャル・キャピタルの概念は1900年代初頭から登場していたが、近年、注目されるようになった転機として、Bourdieu（1986）の社会階級構造に関する研究や、Coleman（1988）の社会コミュニティに関する研究が挙げられる。Bourdieuはソーシャル・キャピタルを「相互に面識があり認知し合う制度化された関係からなる持続的なネットワークを保有することと結びついた現実的もしくは潜在的な資源の総体」（宮田，2005b, p.12）と述べ、経済資本、文化資本と社会関係資本（ソーシャル・キャピタル）が相互に影響し合うため、いずれかの資本を持つ社会階層では他の資本も豊かになるとの循環から、階級構造の仕組みを説明している。また、Coleman（1988）は、ソーシャル・キャピタルを「社会構造という側面を備え」、「その構造内における行為者の何らかの行為を促進する」（邦訳, p.209）と定義している。Colemanは、特に密接なコミュニティの重要性を説き、密接な家族との関係や宗教コミュニティの下で逸脱行動が抑制されていることを明らかにしている。

### (2) Putnamの研究

ソーシャル・キャピタルの概念を用いて具体的なコミュニティを分析した研究として、Putnam（1993）の研究が挙げられる。Putnamはイタリアの北部と南部で諸制度がもたらす効果が異なることの理由を探索し、市民の共同体意識が重要な要因であることを明らかにした。これらの観察に基づき、ソーシャル・キャピタルを「調整された諸活動を活発にすることによって社会の効率性を改善できる、信頼、規範、ネットワークといった社会組織の特徴」（邦訳, pp.206-207）と定義し、このソーシャル・キャピタルの成熟が自発的な協力を促し、結果、諸制度が機能するようになったと指摘している。

Putnam（2000）は、さらにソーシャル・キャピタルの視点からアメリカ社会における1900年代後半におけるコミュニティ衰退の原因について分析し、そ

の大きな原因として、市民活動への関与の少ない世代の増加、そしてテレビの普及などを挙げている。また、その研究の中で、ソーシャル・キャピタルを「橋渡し型（bridging）」と「結束型（bonding）」に区分している。橋渡し型は「外部資源との連繋や、情報伝達に優れ」、「より広いアイデンティティや、互酬性を生み出すもの」（邦訳, p.20）であり、結束型は「内向きの志向を持ち、排他的なアイデンティティと等質な集団を強化する」（邦訳, p.19）ものである。そして、どちらのソーシャル・キャピタルが必要かは直面している問題に依存すると指摘している。

### (3) 企業経営の視点における研究

　Putnamの研究以降、多くのソーシャル・キャピタルに関する研究が進められたが、経営学やナレッジ・マネジメントの文脈から論じられたものとしては、Baker（2000）やCohen and Prusak（2001）の著書が挙げられる。Bakerはソーシャル・キャピタルを「個人的なネットワークやビジネスのネットワークから得られる資源を指している」（邦訳, p.3）と定義し、その資源として、情報、アイデア、指示方向、ビジネス・チャンス、富、権力、影響力、精神的なサポート、善意、信頼、協力などを挙げている。また、Cohen and Prusak（2001）はソーシャル・キャピタルを「人々のあいだの積極的なつながりの蓄積によって構成される。すなわち、社交的ネットワークやコミュニティを結びつけ、協力行動を可能にするような信頼、相互理解、共通の価値観、行動」（邦訳, p.7）と定義し、企業における信頼、社交ネットワークやコミュニティ、つながりのための空間と時間、社交的な会話などの重要性を説いている。

　Nahapiet and Ghoshal（1998）が提供した枠組みは、実証的研究に大きな影響を与えている。彼女らは、ソーシャル・キャピタルの概念を、ともに過ごす時間量や親密さなどに基づくネットワークやその形状により説明される「構造的次元（structural dimension）」、コード、言語、物語、ビジョンの共有などにより説明される「認知的次元（cognitive dimension）」、信頼や規範により説明される「関係的次元（relational dimension）」に分類し、それらが知識の創造に与える影響についての枠組みを提案し、その枠組みは多くの知識創造や知

識共有に関する実証研究に用いられている。

## (4) 日本における研究

　日本においては、金光（2003）がソーシャル・キャピタルの概念を詳細に検討している。彼はソーシャル・キャピタルを「社会的ネットワーク構築の努力を通して獲得され、個人や集団にリターン、ベネフィットをもたらすような創発的な関係資産」（p.238）と定義し、Lin（2001）によって整理された古典的な資本やソーシャル・キャピタルを含めた資本の諸概念に従い、各資本の理論的射程や資本間の因果関係を整理した。金光はソーシャル・キャピタルに関連する資本として、個人と集団を対象とし、社会ネットワークへの投資を資本とした「資源動員的社会関係資本」、大集団を分析対象とし、信頼などの相互認知と承認への投資を資本とした「連帯的社会関係資本」、そしてナレッジ・マネジメントに代表される、集団を対象とし、集団知の醸成への実践投資を資本とした「協働的知識資本」を挙げている。

　稲葉（2007）もまた、ソーシャル・キャピタルに関する先行研究を整理し、ソーシャル・キャピタルについて「社会における信頼・規範・ネットワークを意味している」（p.4）と述べ、さらに「信頼・規範などの価値観と、個人や企業などの間の具体的な関係であるネットワークとの2つに分けることができる」（p.5）と述べている。そして、社会、経済、政治、企業等におけるソーシャル・キャピタルの重要性について、日本における資料なども用いて論じている。

　情報化の進展における電子コミュニケーションの普及とソーシャル・キャピタルとの関係に注目したものとしては、宮田（2005a, 2005b）の研究が挙げられる。宮田はインターネットの普及による人間関係の拡大が人々の行動や生活などに与える影響について分析した。その結果、インターネット上における人間関係と、対面における人間関係が相互に影響しつつも、インターネット上における関係やそこで得られた知識などに基づき、自発的に行動し、関係を拡大させている人々がいることが明らかにされた。

### (5) 定義

このようにソーシャル・キャピタルの定義の大きな共通点として、「信頼」、「共通の価値観」、「ネットワーク」が挙げられる。そして、それらに投資することで、個人や集団、社会への何らかの効果が期待される。このうち、共通の価値観は第1章で述べたところの共通基盤やメンタル・モデルに該当し、知識共有のために事前に必要な一種の「知識」と位置づけられる。

金光（2003）の枠組みに従えば、信頼は連帯的社会関係資本、ネットワークは資源動員的社会関係資本、知識は協働的知識資本に、Nahapiet and Ghoshal（1998）の枠組みに従えば、ネットワークは構造的次元、信頼は関係的次元、知識は認知的次元に分類できる。それぞれの概念が狭義のソーシャル・キャピタルであり、すべてを含んだものが広義のソーシャル・キャピタルとなる。信頼、ネットワーク、知識に関してはソーシャル・キャピタルとは独立して研究が進められてきた。知識ついては第1章で概観したことから、以下では信頼とネットワークの概念を、橋渡し型／結束型のソーシャル・キャピタルとの接点も考慮して概観する。

## 2.2 信頼

信頼の概念については、長期に渡り数多くの研究が進められてきた。たとえば、古典的な信頼の研究としてLuhmann（1973）の研究が挙げられるが、彼は信頼を、他者の自由を通して現れた複雑性を縮減するもので、過去から入手した不十分な情報に基づき将来を規定して他者に身を投げ出すことと捉えている。また、ナレッジ・マネジメントと接点のある経営情報システムの分野ではMayer et al.（1995）の論文が多く引用されるが、彼らはリスクが高い状況にあって、相手の「能力（ability）」、「誠実さ（integrity）」、「配慮（benevolence）」の認識に基づき、相手に期待しつつ相手の行為に身をゆだねようとすることで信頼が形成されると述べている。

日本においては、山岸（1998）の信頼の研究が引用されることが多いが、特に彼の研究は橋渡し型と結束型のソーシャル・キャピタルの概念を考慮する上で興味深い知見を提供している。山岸は信頼の概念を、相手の「能力」と「意

図」に対する期待に区別し、「意図」を研究対象としている。そして、相手が罰則などに対する損得勘定に基づき裏切らないとの確信に立った、社会的不確実性が存在しない状況における期待を「安心」、社会的不確実性が存在している状況における相手の人格の認識に基づいた期待を「信頼」と定義し、一般に広い意味で信頼と捉えられている概念を2つに区分している。この信頼の概念は、能力の概念を含まない点を除き、概ねMayerらと同様の定義であり、不確実な状況において相手に身を投げ出す点はLuhmannの定義とも共通している。

これらから狭義の信頼は「社会的不確実性が高い環境での相手の特性に基づいた相手への期待」と考えられ、罰則などにより相手がコントロールされることで得られる安心と区別される。

さらに山岸はゲーム理論の実験を中心とした研究を通して得られた知見に基づき、一般的信頼という概念を用いて、狭義の信頼が関係拡大を促す過程を説明している。一般的信頼とは人々が一般的な他者を信頼する傾向であるが、一般的信頼が高い人は無条件に相手を信じるのではなく、相手を正確に見極め、相手を信頼するかどうかを適切に判断する能力を持っている。そして、この一般的信頼が高い人は、特定の集団のコミットメント関係から抜け出すことが損失を小さくする状況では、その関係を抜け出して狭義の信頼に基づき新たな関係を形成するのに対し、一般的信頼が低い人は安心を求めてその関係にとどまり続ける傾向がある。以上から山岸は、高い一般的信頼に基づいた狭義の信頼は関係を拡大し、低い一般的信頼に基づいた安心は関係を閉鎖化させると主張している。

## 2.3　ネットワーク

人と人とのつながりに注目したネットワーク論における橋渡し型と結束型のソーシャル・キャピタルに関連する代表的な概念として、Granovetter（1973）の「弱い紐帯（weak ties）」と「強い紐帯（strong ties）」の議論が挙げられる。

Granovetterによると、紐帯とは、ともに過ごす時間量、情緒的な強度、親密さ、助け合いの程度から構成される。ある個人Aが他者B、Cとそれぞれ強い紐帯で結ばれているとき、AはB、Cそれぞれとともに過ごす時間が多く、

また共通点が多いことから、BとCとの間で強い紐帯が形成される確率が高まる。結果、A、B、Cの間が強い紐帯で結ばれた閉鎖的ネットワークが形成されやすい。これに対し、AとB、AとCがそれぞれ弱い紐帯で結ばれているときには、B、Cとの間で紐帯が結ばれる確率が低く、BやCは他のネットワークの参加者と紐帯を結ぶことが容易になる。以上のことから、強い紐帯は閉鎖的なネットワークを形成する傾向が強いために、あるネットワークから他のネットワークへの橋渡しになりにくいのに対し、弱い紐帯は橋渡しになりやすいと論じている。そのため、強い紐帯で結ばれたネットワークは同質な人物で構成され、内部に情報が滞留しやすいのに対し、弱い紐帯で結ばれたネットワークは多様な人物で構成され、外部からも情報が流れ込みやすい。Granovetterは、この主張に従い、アメリカにおける転職経験者に対して調査を行ない、満足のいく転職をした人ほど、会う頻度の少ない弱い紐帯で結ばれていた他者から情報を入手していることを明らかにし、弱い紐帯からなる多様性の高いネットワークが有益な情報の収集に有効であるとの「弱い紐帯の強さ」を示した。

　その一方で、渡辺（1991）は、日本において同様の研究を行なったところ、逆に強い紐帯で結ばれた他者から情報を得て転職した人ほど、転職に満足していることが明らかになり、日本では強い紐帯からなる同質性の高いネットワークが有益な情報をもたらすと述べている。また、Krackhardt（1992）は、アメリカのある中小企業において、組合の組織化に関する社内の動きを観察し、反対派が賛成派に対し優勢になっていく過程を分析したが、その過程においては仕事での関係を基礎とした弱い紐帯よりも、友人関係を基礎とした強い紐帯が重要な働きをしていることを示し、大きな変化への対処には強い紐帯が有効だと主張している。

## 2.4　橋渡し型と結束型の組み合わせ

　以上、ソーシャル・キャピタル、信頼、ネットワークの概念を概観したが、ソーシャル・キャピタルにおいては「橋渡し型」と「結束型」、信頼に関しては狭義の「信頼」と「安心」、ネットワークに関しては「弱い紐帯」と「強い紐帯」と、それぞれにおいて関係拡大を促す概念と、関係強化を促す概念に二

分される点で共通している。既存の関係に囚われず新しい関係を結ぶことができる狭義の信頼や弱い紐帯により橋渡し型、既存の関係を強化する安心や強い紐帯により結束型のソーシャル・キャピタルが構成されると考えられる。では、どちらのソーシャル・キャピタルが個人や集団により多くの効果をもたらすのであろうか。

　Coleman（1988）は、開放的なネットワークよりも閉鎖的なネットワークの方が、規範に従った行動が多くなり、また人間同士の相互の援助を通して恩義や期待が蓄積されることから、ソーシャル・キャピタルが大きくなると主張している。そして、調査データから、親子の関係が密接であるほど高校での中退率が低くなることを示し、また親子が同一コミュニティに属する宗教系高校ほど中退率が低くなることをも示し、強い紐帯で結ばれた閉鎖的なネットワークが個人や社会に利益をもたらすと主張した。

　これに対し、Burt（1992）は、ソーシャル・キャピタルとネットワークの議論をベースに、「構造的隙間（structural holes）」の概念を提案した。構造的隙間とは、集団間の結合が比較的弱くなっている部分を意味し、その隙間に橋を架けるような関係を持つ個人が競争上、有利な状態になる。彼はこの考えに従い企業内への調査を実施し、構造的隙間に位置する個人が、個人業績評価、昇進頻度、給与報酬において有利な状況にあることを明らかにし、開放的なネットワークの優位性を示した。

　ただ、Burt（2001）は、単に開放的なネットワークの優位性を示すだけではなく、閉鎖的なネットワークの価値も認め、閉鎖的なネットワークがあるために、それらを橋渡しする役割を果たす個人の重要性が増すと主張している。そして、集団内のネットワーク閉鎖性の次元と、集団外の冗長でない（相手同士で相互に結合されていない）接触相手の次元の組み合わせから、ソーシャル・キャピタルの効果の説明を試みている（図2.1）。

　彼によると、集団内のネットワーク閉鎖性が高く、集団外の冗長な接触相手を持つ集団（図2.1右下）は、内部の結合が強いとともに、外部の接触相手も相互に結合しており、単一の視点や技術、資源にしか触れることができない。また、集団内のネットワーク閉鎖性が低く、集団外の冗長でない接触相手を持

第2章 ソーシャル・キャピタルの概要

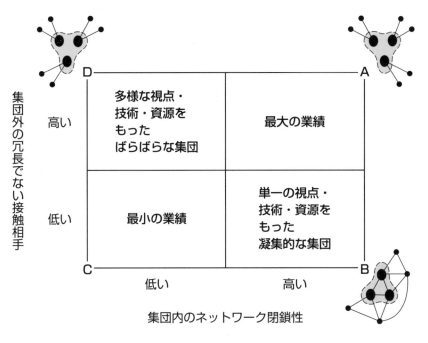

図2.1 ソーシャル・キャピタルの効果

(出所：Burt（2001），邦訳，p.266)

つ集団（図2.1左上）は、多様な視点や技術、資源を持つことができるが、ばらばらな集団となる。これらの集団に対して、集団内のネットワーク閉鎖性が高く、集団外の冗長でない接触相手を持つ集団（図2.1右上）は、多様な視点、技術、資源を持ちつつ、集団内では凝集性が高くなることから、最大の業績を上げることができる。

このことから、集団内における関係に焦点を当てた場合には、強い紐帯や安心からなる結束型のソーシャル・キャピタルが効果的であり、集団外との関係に焦点を当てた場合には、弱い紐帯や狭義の信頼からなる橋渡し型のソーシャル・キャピタルが効果的である。そして、集団内外を含めたマクロな視点からは、両ソーシャル・キャピタルが適切に活用されたときに最大の業績を個人や集団にもたらすことになる。

## 3. ナレッジ・マネジメントとソーシャル・キャピタルの研究課題

　以上、ソーシャル・キャピタルの概要について述べたが、近年、これらのソーシャル・キャピタルの概念を企業組織に適用した研究が多くみられるようになった。元来、組織論においてホーソン研究（吉原、2013）から生まれた人間関係論を起源として、職場における人間関係は長期に渡り研究が進められてきたが、改めてソーシャル・キャピタルの視点がなぜ必要となるのであろうか。
　まず情報、そして知識の流れを把握する上でソーシャル・キャピタルは有効な概念だと考えられる。情報技術の進展により、企業内や企業間で電子コミュニケーションを介して人間同士の新たな接点が増えることで、部署や企業の枠を越えた新たな人間関係が形成されるようになった。このような電子コミュニケーションに基づく新たな人間関係が、組織における情報や知識の伝達に与える影響に注目した研究もみられる（e.g., Robert et al., 2008; Wasko and Faraj, 2005; 山本, 2010）。このように、人間関係を情報、そして知識の伝達経路として捉える際に、紐帯、そしてソーシャル・キャピタルの概念が参考となる。
　また、集団主義のメリットとデメリットを検討する上で、興味深い概念と考えられる。序章で述べたように、日本においてはバブル崩壊後に、日本企業の終身雇用や人間関係の重視などに基づく集団主義が、組織の硬直化の問題をもたらしたとの指摘がみられた。その後、リストラなどによる雇用の流動化が生じ、また成果主義賃金制度の導入が試みられたが、その中で個人に埋め込まれていた知識の流出や、自己の業績向上を求めた個人主義的な行動などの問題が生じ、集団主義がもたらすメリットが再度注目されるようになった。このように、集団主義のメリットとデメリットの存在が顕在化している状況において、そのメリットとデメリットを検討する上で、結束型と橋渡し型の区分により人間関係の二面性を取り扱っているソーシャル・キャピタルの概念は有効であると考えられる。
　さらに、ソーシャル・キャピタルの概念は、職場だけではなく、職場の外をも含んだ広い人間関係を考える上でも有効である。石田（2009）は、産業・労

働社会の集団主義から個人主義への変化に伴い、人間関係の研究においてネットワーク的アプローチが必要になると述べている。上述のように、かつて日本企業における人間関係は集団主義であったために、人々は職場内を中心に人間関係を形成していたが、近年、企業の集団主義的体質が弱まり、個人主義に移行することで、人々は会社という制度的・社会的基盤に支えられた職場関係のみではなく、自発的、横断的に職場外の人間関係を築くようになった。そのため、人間関係の研究も必然的に職場集団を対象とするだけではなく、職場の外をも対象とする必要があり、そのために個人の職場内と職場外のネットワークに注目したアプローチが必要になると石田は述べている。

以上、近年の社会環境の変化の中で、企業組織における人間関係の分析にソーシャル・キャピタルの概念を用いることで、橋渡し型／結束型や、社内／社外の人間関係が知識の共有にもたらす効果の検討が容易になることが期待される。第1章において、ナレッジ・マネジメントを促進する上で、人間関係の影響を考慮することが不可欠であると考えられたが、ナレッジ・マネジメントの促進要因の研究にソーシャル・キャピタルの概念を用い、橋渡し型／結束型や、社内／社外の人間関係を考慮することで、ナレッジ・マネジメントの促進要因に関する有益な知見が得られる可能性がある。

## 4. おわりに

以上、ソーシャル・キャピタルの概念を概観するとともに、その概念を企業組織の研究に応用するメリットについて論じた。そして、ナレッジ・マネジメントの促進要因にソーシャル・キャピタルの概念を用いることで、以下のような知見が得られる可能性が示された。

1）結束型／橋渡し型のソーシャル・キャピタルの知識共有への影響。
2）社内／社外のソーシャル・キャピタルの知識共有への影響。

第3章では、これらの課題を踏まえつつ、ナレッジ・マネジメントとソーシ

ャル・キャピタルに関する実証研究をレビューする。

# 第3章
# ナレッジ・マネジメントとソーシャル・キャピタルに関する先行研究

## 1. はじめに

　第1章で概観したように、ナレッジ・マネジメントの研究は技術的要因よりも組織的、人的要因の研究にシフトしており、かつナレッジ・マネジメントの促進要因として個人を取り囲む人間関係が重要な役割を果たしている。第2章では人間関係に関する理論であるソーシャル・キャピタルの概念について紹介するとともに、企業組織の研究にソーシャル・キャピタルの概念を用いるメリットについて議論し、橋渡し型／結束型や、社内／社外の人間関係が知識の共有にもたらす効果を検討する上で有効であることが示された。

　本章では、これらを踏まえ、ソーシャル・キャピタルやそれに関連する概念とナレッジ・マネジメントとの関係についての先行研究をレビューする。特に、ナレッジ・マネジメントのうち、知識の伝達に関係の深い知識の共有・創造を中心にその規定要因を概観するとともに、本書における研究課題を提示する。

　なお、海外の研究で"knowledge sharing"という言葉が用いられる際に、個人の知識提供行動を意味する研究、個人の知識獲得行動を意味する研究、個人の知識提供と獲得双方の行動を意味する研究、組織全体における知識共有の程度を意味する研究に分けられる。本章のレビューにおいては、個人の知識提供を扱っている研究に対しては「知識提供」、知識獲得を扱っている研究に対しては「知識獲得」、知識の獲得と提供を扱っている研究と、組織における知識共有の程度を扱っている研究に対しては「知識共有」との言葉を用いて紹介する。

　また、本章で紹介する研究の中には「信頼」を取り扱っている研究もみられるものの、これらの研究の信頼は、アンケートによって主観的な相互の信頼感

や援助などを測定しており（e.g., Chow and Chan, 2008; Lee and Choi, 2003）、第2章で述べた山岸の相手を見極めて相手を信頼する橋渡し型の狭義の信頼ではなく、一体感や凝集性に基づいた結束型の信頼を意味すると思われる。

## 2. 人間関係的要因

まず、紐帯やソーシャル・キャピタルの概念に基づき、人間関係そのものに注目し、人間関係が知識共有や創造に与える影響に関する研究を概観する。

### 2.1 紐帯

ともに過ごす時間量、情緒的な強度、親密さ、助け合いの程度から構成される「紐帯」の影響に注目した研究がみられる。これらの研究は、弱い紐帯が多様な情報収集に有効であるとの、Granovetter（1973）の「弱い紐帯の強さ」の考えをベースにしており、人間関係を情報や知識の伝達経路として扱っている。

たとえば、弱い紐帯と強い紐帯の役割の違いを明らかにした研究がみられる。Levin and Cross（2004）は、アメリカ、イギリス、カナダの企業の従業員を対象に調査を実施し、紐帯の強弱が相手の能力や配慮への信頼を介して知識獲得へ与える影響を分析した。その結果、紐帯の強さが信頼を高めて知識獲得を促進するとの間接的な効果と、紐帯の弱さが知識獲得を促進するとの直接的な効果を明らかにし、紐帯の強さと弱さ、それぞれがもたらす正の影響が示された。Hansen（1999）は、アメリカを拠点に世界に事業を展開している電機情報機器メーカにおいて新製品開発に関わっている従業員を対象に、紐帯と交換される知識との関係について調査を行なった。その結果、成文化されていない複雑な知識の交換には強い紐帯、成文化された知識の交換には弱い紐帯が効果的であることが示された。Perry-Smith（2006）は、アメリカの研究所の従業員に対して調査を行ない、紐帯と創造性との関係について分析した結果、弱い紐帯が創造性を促進する傾向があることが示された。これらの3つの研究からは、弱い紐帯と強い紐帯で知識の伝達に果たす役割が異なり、特に形式知の伝達には弱い紐帯が適している可能性が示唆される。

また、紐帯の範囲に注目した研究もみられる。Cross and Cummings (2004) は、個人の持つ紐帯と知識作業の生産性との関係を、アメリカ企業の従業員への調査から得られたデータを分析して検討した。その結果、部署外や社外との紐帯や、異なるフロアの従業員との紐帯が多いほど、生産性が高いことを明らかにした。また、Reagans and McEvily (2003) は、ネットワークの凝集性や範囲と知識移転との関係を分析するために、アメリカの研究開発企業の従業員を対象として研究を行なった。その結果、他者との関係の親しさや接触の頻度、異なる部署との接触などが知識移転を容易にしていることを明らかにした。上述したPerry-Smith (2006) の紐帯と創造性との関係に関する研究では、特にネットワークの中心性（ネットワークの中心にいること）が低い場合に外部との紐帯が知識の創造性を促進することが示された。これらの研究は、部署外などとの多様な関係が知識獲得や知識移転に有効であることを示している。

## 2.2 ソーシャル・キャピタル

人間関係における信頼、規範、ネットワークといった社会組織の特徴であるソーシャル・キャピタルの概念を直接取り扱った研究もみられる。

特に、第2章で紹介した、Nahapiet and Ghoshal (1998) の枠組みを用いた研究が多くみられる。彼女らはソーシャル・キャピタルの概念を、紐帯やネットワーク形状により説明される「構造的次元」、コード、言語、物語、ビジョンの共有などにより説明される「認知的次元」、信頼や規範により説明される「関係的次元」に分類し、多くの研究者がそれらの次元の影響について検証を行なっている。

Tsai and Ghoshal (1998) は、アメリカの製造業の従業員に対して、紐帯、ビジョンの共有、信頼が、情報、人、生産物の交換を介して革新的製品開発に与える影響について分析した。その結果、紐帯とビジョンの共有が信頼を高めること、また紐帯と信頼が資源の交換を介して革新的製品開発に影響を与えていることが明らかにされた。

Wasko and Faraj (2005) は、アメリカの法律専門のネット・コミュニティを対象に、ソーシャル・キャピタルが知識提供に与える影響を分析した。その

結果、ネットワークの中心性が提供された知識の有用性に正の影響を与え、また参加期間が提供された知識の量に正の影響を与えることが明らかになった。一方で、コミットメントは知識の有用性に、互恵関係は知識の量に、負の影響を与えることが明らかになった。

　Chow and Chan（2008）は、香港の企業の従業員に対して調査を行ない、目標の共有、ネットワーク、信頼と知識提供との関係について分析した。その結果、目標とネットワークの共有は知識提供に正の影響を与えているのに対し、信頼は影響しないことを明らかにした。

　Robert et al.（2008）は、アメリカのビジネススクールの学生に対して、ソーシャル・キャピタルと知識統合との関係に、コミュニケーション・メディアがもたらす影響を分析した。全体では関係的、認知的ソーシャル・キャピタルが知識統合を促進するが、構造的ソーシャル・キャピタルは知識統合に影響しない傾向がみられた。さらに対面と電子コミュニケーションに分けて比較したところ、構造的または認知的ソーシャル・キャピタルが弱い状況では対面のみが知識統合を促進するのに対し、それらが強い状況になると対面と電子ともに知識統合を促進することが明らかにされた。つまり、構造的、認知的ソーシャル・キャピタルを強めることは、電子コミュニケーションにおいて特に有効であることを示している。

　以上の研究は一部の研究であるが、各ソーシャル・キャピタルの尺度が異なり、またその結果にも一貫性がみられない。また、上記のRobert et al.（2008）の研究は、コミュニケーション・メディアによって、どのソーシャル・キャピタルが有効に働くかが異なることを示しており、ソーシャル・キャピタルと知識共有・創造との関係を調整する変数が存在している可能性を示唆している。

## 3. 組織的要因

　組織の持つ特性が知識の共有・創造に与える影響について注目した研究がみられる。これらの特性のうち、目的や価値観の共有、信頼関係、組織構造等、人間関係に関する組織特性に注目した研究も多くみられる。

## 3.1 目的や価値観の共有

　上述のようにソーシャル・キャピタルの視点からの研究においても、共通の目的に基づいた人間関係に注目した研究がみられたが、組織特性の視点から、目的や価値観の共有の影響について検討した研究もみられる。

　Taylor and Wright (2004) は、公的機関の知識共有の規定要因を明らかにするために、イギリスの公的機関の従業員に対して調査を行ない、変化へのビジョンを持つ組織は知識共有を高めることを明らかにしている。De Long and Fahey (2000) は、知識提供の組織文化の面における阻害要因を明らかにすることを目的に、アメリカの複数の企業に対して質的調査を行なった。その結果、組織が長期的に所有する価値観が部署間の知識共有を支援しなかった場合、新しい技術がもたらす効果を抑制することを明らかにした。

　また、メンタル・モデルの共有の効果に注目した研究もみられる。Zhou and Wang (2010) は、中国の大学生に対し、グループで建設計画策定の課題に取り組ませて、メンタル・モデル共有の効果について検討した。この分析の結果、チームワークに関するメンタル・モデルがグループ内で共有されているときに、グループの創造性が高くなる傾向が明らかにされた。

　さらに、組織と個人の価値観の一致 (value congluence) に注目した研究もみられる。たとえば、Edwards and Cable (2009) は、アメリカの水処理企業の従業員にアンケート調査を実施し、個人と企業の価値観の一致が与える影響について検討した。その結果、価値観の一致が従業員間のコミュニケーションや信頼に影響を与えることが示された。このことは、組織の価値観に共感している従業員同士ではコミュニケーションが活性化し、相互の信頼が高まることで知識の共有が進む可能性を示唆している。

　以上、ソーシャル・キャピタルの視点からの研究も含め、組織内で共通の目的や価値観を持つことで知識の共有が円滑になるという考えが主流である。

## 3.2　信頼関係、一体感、社交的関係、援助関係

　ソーシャル・キャピタルの視点の研究において、信頼が知識共有や創造に与

える影響に注目した研究がみられたが、組織特性の視点から信頼関係や一体感などが知識共有に与える影響について検討した研究もみられる。

　Lee and Choi（2003）は、韓国企業の従業員への調査を通して、ナレッジ・イネーブリングの視点から知識創造のSECIモデルの促進要因を明らかにすることを試みた。その結果、信頼関係はSECIモデルの共同化、表出化、連結化、内面化すべてのプロセスを促進することを示した。Bock et al.（2005）は、知識提供の規定要因に関する調査を韓国企業の従業員を対象に行なった。その結果、一体感、革新性、公平性から構成される組織風土が知識提供の意図を高めることを明らかにした。

　一方で、信頼関係が影響を与えないという結果も一部にみられる。Lee et al.（2006）は、韓国企業の従業員に対して調査を実施し、組織の取り組みや組織風土と知識提供との関係を分析した。その結果、組織がもたらす援助、報酬、ITサービスの質が従業員の知識提供に対するコミットメントを高め、また、そのコミットメントが知識提供を促進するものの、組織内の信頼関係は知識提供に影響しないことを明らかにした。

　また、組織における社交的な人間関係や、上司や同僚からの援助といった良好な人間関係が知識の共有を促進するという報告がみられる。Tsai（2002）は、組織間における知識獲得の規定要因を明らかにするために、アメリカの企業に対して調査を行ない、社交的な人間関係は知識共有を促進することを明らかにしている。Kim and Lee（2006）は、韓国の企業と公的機関の従業員を対象とした調査から、組織特性や技術などが従業員の知識共有に与える影響について検討した。その結果、社交的な人間関係は、知識の共有を促進することが明らかになった。

　Connelly and Kelloway（2003）は、知識共有文化の規定要因を明らかにするために、カナダ企業の従業員に対して調査を実施した。その結果、上司からの援助や社交的な人間関係が知識共有文化の認識を高めることが明らかにされている。Cabrera et al.（2006）は、知識共有の規定要因を明らかにするためにスペイン企業の従業員への調査を実施し、上司や同僚の支援が知識共有を促進することを明らかにしている。

これらの研究は、組織の特性として信頼関係や援助関係などを捉えているが、先述したソーシャル・キャピタルの視点から信頼関係などを捉えた研究も含め、一般には、援助や信頼などに基づく良好な人間関係は、知識の共有を促進する傾向がみられる。

## 3.3 自律性、挑戦

組織特性として、自律性の影響に注目した研究がみられる。自律性そのものは人間関係ではないものの、個人が自律性に基づき、自由に判断し、行動することができる環境は、特定の組織、人間関係、価値観に拘束されていない環境を意味し、その環境における人間関係は自由で緩やかな関係であることが想定される。

まず、自律性が知識共有を促進することを示した研究がみられる。たとえば、Foss et al.（2009）は、ドイツの企業の従業員に対しての調査から、組織特性、知識提供動機、知識提供行動の関係について分析を行なったが、職務の自律性が内発的知識提供動機を介して知識提供に影響を与えていることを明らかにした。また、堀江他（2008）は、仕事に対する動機と知識提供との関係を分析するために、日本企業の研究開発に従事している従業員に対して調査を実施した。その結果、自律性が仕事の達成感や面白さから構成される内発的動機を介して、知識提供を促進していることが明らかにされた。

一方で、自律性が知識共有に影響を与えないという研究もみられる。Welschen et al.（2012）は、内発的動機と知識提供との関係を分析するためにニュージーランド企業の従業員へのアンケート調査を実施したが、その結果、自律性は知識提供への態度に影響を与えていないことが明らかにされた。また、Cabrera et al.（2006）の研究でも、自律性は知識共有に影響しないことが示されている。

自律性に類似した挑戦の文化の影響に注目した研究もみられる。Taylor and Wright（2004）は、失敗から学び、新しいアイデアを奨励する挑戦しやすい文化を持つ組織特性は知識共有を高めることを明らかにしている。一方で、Lee et al.（2006）は、新しいアプローチを学び、挑戦する文化や組織内にお

ける信頼は知識提供を高めるわけではないことを明らかにしている。

自律性や新しいことに挑戦する文化に関しては、研究によってばらつきがみられるが、後述するように、これらの関係を媒介する変数の存在が想定される。

## 4. 個人的要因

個人的要因が知識の提供に与える影響に注目した研究も多くみられる。これらの研究のうち、ここでは動機と自己評価に関する研究をレビューする。動機はソーシャル・キャピタルと直接関係しないが、興味関心に基づく内発的動機は、親しい人間関係の下で強められるという意見があり (Deci and Ryan, 2002)、また知識提供動機に関する先行研究では、援助の喜び、互恵関係、評判などの人間関係に組み込まれた動機も取り上げられていることから (e.g., Kankanhalli et al., 2005; Wasko and Faraj, 2005)、知識提供動機は人間関係の影響を強く受けている可能性がある。また、自己評価もソーシャル・キャピタルと直接関係しないものの、自己への評価は自分自身の評価基準だけではなく、他者の評価基準の影響を受けており、人間関係から強い影響を受ける概念である。

### 4.1 動機[1]

知識提供における動機の影響を検討した研究がいくつかみられる。先述したWasko and Faraj (2005) による法曹専門職の知識コミュニティ参加者に対する研究では、提供された知識の有用性に対して、評判、援助の楽しみが正の影響を、コミットメントが負の影響を与え、また提供された知識の量に対して、評判が正の影響を、互恵関係が負の影響を与えていることを示した。また先述したBock et al. (2005) の研究では、互恵関係や自己価値感が知識提供の態度を強め、逆に報酬が態度を弱めることを明らかにした。Kankanhalli et al. (2005) は、シンガポールの複数の公的組織に対して、知識データベースの利用要因に関する調査を実施し、報酬、自己効力感、援助の喜びが知識データベースにおける知識提供を促進する一方、互恵関係は知識提供に影響を与えないことを明らかにした。Lin (2007a, 2007b) は台湾の様々な企業の従業員に対

して調査を行ない、自己効力感、援助の喜びなどが知識提供の態度、意図、行動を強める一方、報酬は態度、意図、行動に影響しないことを示した。

　これらの研究は、知識提供動機の規定要因については検討していないが、その動機の規定要因を組み込んだ研究もみられる。Foss et al. (2009) は、ドイツの企業の従業員に対しての調査から、組織特性、知識提供動機、知識提供との関係について分析を行なった。その結果、関心、満足、楽しみに基づく内発的動機へは自律性が、報酬、評判、昇進に基づく外発的動機に対しては評価のフィードバックが影響を与えていることを明らかにし、また、内発的動機が知識提供を促進し、外発的動機は知識提供を抑制することを明らかにした。知識提供の動機ではなく、仕事における動機に注目したものとしては、先述した、堀江他 (2008) の研究があり、仕事に対する内発的動機が知識提供を促進していることが明らかにされている。

　研究によって扱われる動機が異なるものの、これらの動機は、報酬、評判、互恵関係などの獲得を目的とし、知識提供がその手段となっている外発的動機と、自己効力感、援助の喜び、関心など、自発的で知識提供そのものが目的となっている内発的動機に区分されている (Bock, et al., 2005; Foss, et al., 2009; Kankanhalli et al., 2005)。これらの区分に従い先行研究をみると、内発的動機が知識提供を促進しているのは明らかであるのに対し、外発的動機からの影響は一定していない。

　また、先述した組織特性に関する研究においても、組織の報酬制度の影響を検討した研究がみられる。Cabrera et al. (2006) は、外発的報酬は知識共有を促進するが、内発的報酬は知識共有に影響を与えないことを明らかにした。ただ外発的報酬の影響も弱く、内発的報酬と大差はない状況であった。また、Lee et al. (2006) は、組織がもたらす報酬が、支援、ITサービスの質とともに知識共有に対するコミットメントを介して知識共有を促進することを明らかにした。さらに、Kim and Lee (2006) は、報酬システムは知識提供を促進することを明らかにしている。これらから、報酬を組織がもたらす制度として捉えた場合には、報酬は知識共有へポジティブな影響を与えていると思われる。

## 4.2 自己評価

動機に関する研究の中で、自己の評価を取り扱った研究がみられる。1つは「自己効力感(self-efficacy)」に関する研究である。自己効力感とはBandura (1977) によって提案された概念で、簡単にいえば「自分はここまでできるという信念」(伊藤, 2012) で、この信念が人間の行動を引き起こすとされている。自己効力感は自発的な動機づけ要因として捉えられるとともに、自己の能力に対する認識であり、自己評価の側面も含む。知識共有の文脈でも、この自己効力感に注目した研究がみられる。

先の動機の影響においても紹介したが、Kankanhalli et al. (2005) は、知識提供に対する自己効力感が知識データベースにおける知識提供を促進することを明らかにし、Lin (2007b) も、知識共有に対する自己効力感が知識の獲得と提供を促進することを示している。また、Cabrera et al. (2006) は、仕事における自己効力感が知識の共有を促進する傾向を明らかにしている。彼らの研究では、自律性が知識共有に影響を与えていないが、その理由として自己効力感が自律性と知識共有の関係を媒介している可能性を指摘している。同様にWelschen et al. (2012) も、自己効力感が知識提供への態度に影響を与えている一方で、自律性は影響を与えていないことを明らかにし、自己効力感が両者の関係を媒介している可能性について言及している。

また、自己効力感以外の自己の評価に関する変数が知識共有に与える影響について注目した研究もみられる。先述のBock et al. (2005) は、自己価値感 (sense of self-worth) が知識提供の態度を強めることを明らかにしている。また、Bordia et al. (2006) は、多国籍のコンサルタント会社の従業員に対して調査を行ない、他者からの評価懸念 (evaluation apprehension) と知識提供との関係を、対面と電子コミュニケーション双方の環境で検討した。その結果、双方の環境において、評価懸念が知識提供を抑制する傾向があることが示された。

これらの研究は、自分の能力や価値を高く認識し、また他者からの評価の影響を受けない場合、積極的に知識を提供する可能性を示唆している。

## 5. 研究課題

　以上、ナレッジ・マネジメントとソーシャル・キャピタルに関係する実証研究をレビューした。これらからいくつかの研究課題を検討する。
　Witherspoon et al.（2013）は知識共有に関する定量的研究のメタ分析を行なったが、上記で取り上げた要因に関係するものとしては、紐帯、信頼、目的の共有、組織的援助、内発的動機、報酬・昇進、自己効力感が知識共有行動を促進することを明らかにしている。このように、ソーシャル・キャピタルやそれに関連していると思われる多くの要因が知識共有を促進しており、基本的にソーシャル・キャピタルは知識の共有を促進すると考えられる。ただ、以下の通りいくつかの不明確な点が挙げられる。

### (1) ソーシャル・キャピタルと知識創造との関係

　第2章では、結束型と橋渡し型のソーシャル・キャピタルのメリットとデメリットについて検討する必要性を指摘した。上記の研究では、強い紐帯、親密な関係、信頼や一体感が、知識共有などを促進している傾向がみられた一方で（e.g., Bock et al., 2005; Lee and Choi, 2003; Reagans and McEvily, 2003）、紐帯の影響に関する研究では、弱い紐帯が特に形式知の伝達に適している可能性が示唆された（Hansen, 1999）。このことから、マクロ的にみると、ソーシャル・キャピタルはナレッジ・マネジメントを活性化させるものの、ミクロ的にみた場合、ソーシャル・キャピタルが結束型か橋渡し型かによって刺激を受ける知識やナレッジ・マネジメントの活動の種類が異なる可能性を示している。
　Nonaka and Takeuchi（1995）の知識創造の理論では、知識創造活動を共同化、表出化、連結化、内面化のプロセスに分類していたが、第1章で述べたように、そこで移転される知識、そして、それらに関わる人間関係は、個々のプロセスによって異なっていた。そのため、各知識創造プロセスに、結束型、橋渡し型どちらのソーシャル・キャピタルが有効であるかも異なる可能性がある。
　以上から、つぎの研究課題が提案される。

課題1：結束型と橋渡し型ソーシャル・キャピタルが、知識創造プロセスの共同化、表出化、連結化、内面化に与える影響の検討。

## (2) 私生活の人間関係の影響

第2章では、社内だけではなく社外の人間関係を考慮する必要性について述べたが、先述の通り、異なる部署や社外との紐帯が知識共有を促進する傾向がみられた（e.g., Cross and Cummings, 2004; Reagans and McEvily, 2003）ものの、これらの研究では仕事の人間関係のみを扱っている。一方、近年の多様な人材の活用に注目したダイバシティ・マネジメントの議論においては、異なる背景を持った多様な人材が社内にいることで、組織の創造性が高まるという意見がみられる（谷口, 2005）。また、ワーク・ライフ・バランスの充実を通して従業員が私生活で他者との接点を多く持ち、組織に多様性をもたらすことで、企業の創造性の向上につながる可能性が指摘されている（白石, 2010）。

そのため、仕事に関する社外の人間関係だけではなく、仕事以外の私生活における友人知人や家族との人間関係が、多様な知識の獲得に影響を与える可能性があり、またそれらの影響を明らかにすることが期待される。しかしながら、仕事関連の社外の人間関係について検討した研究がみられる一方、私生活の人間関係が知識共有に与える影響を検討した研究はみられない。

以上から、つぎの研究課題が提案される。

課題2：仕事関連の社外の人間関係だけではなく、私生活の友人知人や家族との人間関係が知識共有に与える影響の検討。

## (3) 内発的動機と外発的動機の影響

先行研究では知識提供動機を対象とした研究がみられ、全体的には興味関心と自発性に基づく内発的動機が知識提供を促進する傾向があるのに対し（e.g., Foss et al., 2009; Lin, 2007a, 2007b）、報酬や評判が与える影響には、ばらつきがみられた。一般的な内発的動機と外発的動機に関する理論においては、内発的動機の方が生産性が高い傾向にあり、また内発的動機は自律性の高い環境や

良好な人間関係の下で高められるといわれている（e.g., Deci and Flaste, 1995; Deci and Ryan, 2002）。そのため、本章で取り上げた自律性、信頼関係、援助関係などのソーシャル・キャピタルに関するナレッジ・マネジメントの規定要因が知識提供動機をも規定している可能性がある。しかしながら、知識提供動機の規定要因に注目した研究はほとんどみられないのが現状である。

また、外発的動機の影響が研究によって結果が異なる理由として、国や地域の差などとともに、尺度の問題が考えられる。動機づけの研究では、外発的動機を細分化した研究もみられることから（Deci and Ryan, 2002）、そのような研究を参考にして尺度を構築することも必要だと考えられる。

以上から、つぎの研究課題が提案される。

課題3：知識提供動機の細分化と、これらの動機の規定要因、これらの動機が知識提供行動に与える影響の検討。

## (4) 自己評価の影響

先行研究では、自己効力感が知識共有を促進するとの研究が多くみられ（e.g., Cabrera et al., 2006; Welschen et al., 2012）、自己の能力を肯定的に評価することが知識の提供に影響を与えることが明らかにされた。また、他者からの評価懸念が高いと知識共有が抑制されることが明らかにされた（Bordia et al, 2006）。Wang and Noe（2010）は、知識共有の研究のレビューを通し、自己評価の影響を今後の研究課題の1つに挙げ、Pierce et al.（1989）が提案した組織内における己評価に関する概念である「組織内自尊感情（organization-based self-esteem）」に注目している。組織内自尊感情は、先行研究により組織特性と組織内における従業員の動機や行動との関係を媒介していることが明らかにされていることから（e.g., Pierce et al., 1989; Pierce and Gardner, 2004）、組織特性と知識提供の動機や行動との関係も媒介しているとも考えられる。

また、Cabrera et al.（2006）とWelschen et al.（2012）の研究から、自律性と知識共有の関係を自己効力感が媒介している可能性が示された。自己効力

感は行動の規定要因であるのに対し、自尊感情は個人の状態を意味し、両者は異なる概念であるが、両変数の規定要因や、両変数が与える影響には同様の傾向がみられる（Judge and Bono, 2001; Judge et al., 2002）。そのため、組織内自尊感情もまた、自律性と知識提供との関係を媒介している可能性がある。

以上から、つぎの研究課題が提案される。

課題4：組織特性が組織内自尊感情に与える影響と、組織内自尊感情が知識提供動機や行動に与える影響の検討。

## 6. おわりに

本章では、ソーシャル・キャピタルに関連する概念と、知識共有を中心としたナレッジ・マネジメントの概念との関係に関する先行研究をレビューし、本書における研究課題を検討した。そして、以下の研究課題が提示された。

1）結束型と橋渡し型ソーシャル・キャピタルが、知識創造プロセスの共同化、表出化、連結化、内面化に与える影響の検討。
2）仕事関連の社外の人間関係だけではなく、私生活の友人知人や家族との人間関係が知識共有に与える影響の検討。
3）知識提供動機の細分化と、これらの動機の規定要因、これらの動機が知識提供行動に与える影響の検討。
4）組織特性が組織内自尊感情に与える影響と、組織内自尊感情が知識提供動機や行動に与える影響の検討。

第4章から第8章では、これらの問題を解決することを試み、アンケート調査で得られたデータを分析する。さらに、第9章ではデータ分析の結果に基づき、事例を分析する。

---
注

1）動機の記述は、向日（in press）を参考にした。

# 第4章
# ソーシャル・キャピタルと知識創造

## 1. はじめに

　序章や第2章で述べたように、日本においてバブル崩壊後に、日本企業の集団主義が組織の硬直化をもたらすと指摘されたが、リストラなどによる雇用の流動化による知識の流出や、成果主義賃金制度の導入による個人主義的行動の横行などの問題が生じ、集団主義のメリットとデメリットの存在が顕在化している。そして、そのメリットとデメリットを検討する上で、結束型と橋渡し型との人間関係の二面性を取り扱っているソーシャル・キャピタルの概念は有効であると考えられた。そして、第3章で論じたように、ソーシャル・キャピタルと知識創造のプロセスとの関係は現段階では明確に整理されていないものの、知識創造のプロセスごとに、結束型、橋渡し型どちらのソーシャル・キャピタルが有効であるかがが異なる可能性がある。

　そこで本章では、橋渡し型と結束型のソーシャル・キャピタルと知識創造の各プロセスとの関係を分析することを目的とし、アンケート調査で得られたデータを分析する。

## 2. 研究背景

　知識創造に関しては第1章で、ソーシャル・キャピタルに関しては第2章で、先行研究については第3章で触れているが、ここでは分析を進める上で、本章における知識創造とソーシャル・キャピタルに関する概念の定義を確認し、また先行研究を確認する。

## 2.1 知識創造プロセス

第1章で紹介したように、野中ら（野中・紺野, 2003; Nonaka and Takeuchi, 1995）は、知識の変換、移転、共有からなる知識創造のプロセスに注目し、特に暗黙知と形式知との変換を中心とした知識創造を、共同化、表出化、連結化、内面化の4つのプロセスから説明するSECIモデルを提案したが、本章ではこれらのプロセスを以下のように捉える。

① 共同化
暗黙知から暗黙知への変換プロセスで、経験の共有を通して他者の所有する暗黙知を獲得するプロセスと捉える。

② 表出化
暗黙知から形式知への変換プロセスで、暗黙知の言語変換を通して個人に内在する暗黙知を他者に提供することで、集団知に発展させるプロセスと捉える。

③ 連結化
形式知から形式知への変換プロセスで、表出化により形成された集団知から知識体系を作り上げ、具体化させるプロセスと捉える。

④ 内面化
形式知から暗黙知への変換プロセスで、連結化によって形成された形式知に従って行動し、その経験を通して暗黙知を獲得するプロセスと捉える。

## 2.2 ソーシャル・キャピタル

### (1) ソーシャル・キャピタル

Putnam (1993) はソーシャル・キャピタルを「調整された諸活動を活発にすることによって社会の効率性を改善できる、信頼、規範、ネットワークといった社会組織の特徴」（邦訳, pp.206-207）と定義し、Cohen and Prusak (2001) は、ソーシャル・キャピタルを「人々のあいだの積極的なつながりの蓄積によって構成される。すなわち、社交的ネットワークやコミュニティを結びつけ、

協力行動を可能にするような信頼、相互理解、共通の価値観、行動」（邦訳, p.3）と定義している。また日本では、金光（2003）は、「社会的ネットワーク構築の努力を通して獲得され、個人や集団にリターン、ベネフィットをもたらすような創発的な関係資産」（p.238）と定義し、稲葉（2007）は、ソーシャル・キャピタルの概念を簡単にいえば「社会における信頼・規範・ネットワーク」（p.4）であると述べている。

　これらのソーシャル・キャピタルの研究における共通点として、ソーシャル・キャピタルは接触時間や頻度などの物理的、客観的な関係と、信頼、規範、親密さといった心理的、主観的な関係から構成される点が挙げられるとともに、それらの関係が個人や集団に効果をもたらすといった特徴が挙げられる。そこで本章では、ソーシャル・キャピタルを「個人や集団に効果をもたらす組織や社会における物理的、心理的な人間関係」と定義する。

### (2) 結束型／橋渡し型ソーシャル・キャピタル

　Putnam（2000）は、ソーシャル・キャピタルを「内向きの志向を持ち、排他的なアイデンティティと等質な集団を強化する」（邦訳, p.19）結束型と、「外部資源との連繋や、情報伝達に優れ」、「より広いアイデンティティや、互酬性を生み出す」（邦訳, p.20）橋渡し型に分類した。

　山岸（1998）は、信頼の概念を、相手が罰則などに対する損得勘定に基づき裏切らないとの確信に立った、社会的不確実性が存在しない状況での期待である「安心」と、社会的不確実性が存在している状況における相手の人格の認識に基づいた期待である狭義の「信頼」とに区別している。そして、他者を見極めて信頼する能力である「一般的信頼」が強い人は狭義の信頼に基づき関係を拡大するのに対し、一般的信頼が弱い人は安心を求めて特定の関係にとどまることで関係を閉鎖化させることを明らかにし、信頼は関係を拡大させ、安心は関係を閉鎖化させることを示した。

　Granovetter（1973）は、ともに過ごす時間量、情緒的な強度、親密さ、助け合いの程度からなる紐帯の概念に注目し、強い紐帯で結ばれたネットワークは同質な人物で構成され、内部に情報が滞留しやすいのに対し、弱い紐帯で結

ばれたネットワークは多様な人物で構成され、外部からも情報が流れ込みやすく、多様な情報の収集に有効であることを明らかにした。

上記の議論から、山岸が述べるところの安心や、紐帯の議論における強い紐帯は、特定の関係を強化することから結束型ソーシャル・キャピタルの側面が強く、狭義の信頼や弱い紐帯は、新たな関係を築いて多様な関係を拡大していくことから橋渡し型の側面が強いと考えられる。以上を踏まえ、本章では、結束型のソーシャル・キャピタルを「集団の内部との密接な関係に基づいた同質な情報、知識、価値観の共有を通して個人や集団に効果をもたらす関係」と定義し、橋渡し型ソーシャル・キャピタルを「外部の多様な集団との緩やかな関係に基づいた多様な情報、知識、価値観の伝達を通してして個人や集団に効果をもたらす関係」と定義する。つまり、関係の広がり、関係の親密度、関係がもたらす多様性が結束型と橋渡し型を区別するポイントとなる。

## 2.3 先行研究

第3章で紹介した、Lee and Choi（2003）の研究では、ナレッジ・イネーブリングの視点から、信頼や情報技術などとSECIモデルの4プロセスとの関係を検討している。その結果、情報技術は連結化のみに正の影響を与えているのに対し、信頼は4つのプロセスすべてに正の影響を与えていることが明らかにされ、情報技術よりも信頼の方がより重要であることが示された。ただし、この研究では、信頼を、相手の意図、行動、能力への確信などから構成される1つの尺度のみで測定しており、どのソーシャル・キャピタルがどのプロセスに影響を与えているかは定かではない。

一方、Levin and Cross（2004）は、紐帯の強弱が相手の能力や配慮への信頼を介して知識獲得へ与える影響を分析した。その結果、紐帯の強さが信頼を高めて知識獲得を促進するとの間接的な効果と、紐帯の弱さが知識獲得を促進するとの直接的な効果を明らかにし、紐帯の強弱の影響の2面性と、紐帯と信頼が独立して影響をもたらす可能性を示した。さらに、受け取る知識の暗黙性が高くなるに従って、能力への信頼が知識獲得を促す重要な役割を果たすことを示し、扱う知識によって必要なソーシャル・キャピタルが異なる可能性が示

唆されている。しかしながら、具体的にどの知識創造のプロセスで、どのようなソーシャル・キャピタルが必要であるかは明らかにされていない。

Hansen（1999）の紐帯と交換される知識との関係に関する研究では、成文化されていない複雑な知識の交換には強い紐帯、成文化された知識の交換には弱い紐帯が効果的であることが示された。このことは、暗黙知に関わる活動は強い紐帯、形式知に関わる活動は弱い紐帯が向いている可能性を示唆している。

以上のように、ソーシャル・キャピタルと知識創造のプロセスとの関係は現段階では明確に整理されていないものの、知識創造のプロセスごとに必要とされるソーシャル・キャピタルが異なる可能性が示唆される。

## 3. 研究仮説

### 3.1 共同化とソーシャル・キャピタル

暗黙知から暗黙知への変換プロセスである共同化は知識獲得の場であり、個人においては知識獲得の能力や姿勢が、関係においては暗黙知を所有する個人と暗黙知を獲得する個人との二者間の関係が中心となる。

そのため、二者がともに時間を過ごすことで暗黙知の移転の機会が広がり、また親密な関係を結ぶことにより、暗黙知の所有者は相手への好意的な振る舞いを通して暗黙知を披露し、暗黙知の獲得者は相手への好意から暗黙知を吸収したいという姿勢を持つこととなる。先行研究においても、Hansen(1999)は、成文化されていない複雑な知識の交換には強い紐帯が効果的であることを示している。つまり、共同化においては、強い紐帯からなる結束型のソーシャル・キャピタルにより、暗黙知の移転が生じやすくなると考えられる。これらから、以下の仮説が提案される。

**仮説1**：結束型ソーシャル・キャピタルは橋渡し型よりも、共同化における暗黙知の獲得を促進する。

## 3.2 表出化とソーシャル・キャピタル

　表出化は暗黙知から形式知への変換プロセスで、知識提供の場であることから、個人の形式知化する能力や形式知を提供する姿勢が重要になり、また暗黙知を形式知化して提供する個人と、形式知を獲得する複数の個人との関係が重要となる。

　このような状況の典型的な例は、複数の他者に対して自分の意見を述べる状況である。Bordia et al.（2006）は、評価懸念が知識共有を抑制する傾向があることを明らかにしていることから、自分が意見を述べた場合に相手は自分を批判しないという期待が重要になると考えられる。そのため、特定の価値観が共有された同質性の高い状況では、価値観に沿った意見であれば批判を恐れずに意見を述べることが容易であるが、一方で、多数派のメンバーに反対する意見が言いにくいことから、特定の暗黙知しか表出されない可能性がある。

　これに対して、多様な意見を奨励している集団であれば、必然的に多様な人間と接点が生じることになるが、そのような集団では、暗黙知の所有者は、メンバーが多様な意見を受け入れ、かつ自分の意見を公正に判断してくれるという期待を持って、批判を恐れずに正直に意見を表出することができる。

　以上から、強い紐帯による結束型ソーシャル・キャピタルの下では安心して発言できる一方で、その集団の慣習や文化に従い、特定の暗黙知しか表出されない可能性がある。これに対し、多様な意見が認められ、多様な人との接点の多い橋渡し型ソーシャル・キャピタルの下では、多様な暗黙知が表出されやすくなると考えられる。そのため、以下の仮説が提案される。

　**仮説2**：橋渡し型ソーシャル・キャピタルは結束型よりも、表出化における
　　　　　知識表出を促進する。

## 3.3 連結化とソーシャル・キャピタル

　連結化は形式知から形式知への変換プロセスで、知識統合の場であり、個人

においては、分散している形式知を収集する能力や、それらを統合する能力が必要とされ、また人間関係においては、形式知を所有した複数の集団や個人と、形式知を獲得して統合する集団や個人との関係が重要となる。

このような連結化においては、まず多様な形式知が資源として不可欠である。Granovetter（1973）の紐帯の議論では、多様な情報収集には多くのネットワークとの橋渡し役をする弱い紐帯が有効であると指摘された。したがって、形式知は、言語化、文章化されているために情報と同様に、弱い紐帯を介して伝播しやすいと思われる。また形式知は、情報技術と親和性が高く、またその情報技術は二者間の時間共有や親密さが少ない関係を形成・拡大することが可能であり、弱い紐帯の拡大に貢献する。このことから、必要に応じて情報技術をも活用した弱い紐帯からなる橋渡し型ソーシャル・キャピタルを用い、外部の多様な集団からの様々な形式知の収集を通して連結化が促進すると考えられる。加えて、連結化には多様な形式知に基づきプロトタイプなどの新たな形式知を作りだす側面も含まれており、この活動においては他者との対話や議論が必要なことから、表出化と同様に、多様な意見を受け入れ、多様な人と接点を持った橋渡し型のソーシャル・キャピタルの下で、本音に基づいた対話や議論が可能となる。

以上から、連結化においては主に橋渡し型のソーシャル・キャピタルが多様な形式知の収集と統合に有効と思われる。したがって、以下の仮説が提案される。

**仮説3**：橋渡し型ソーシャル・キャピタルは結束型よりも、連結化における新たな知識の創出を促進する。

## 3.4 内面化とソーシャル・キャピタル

形式知から暗黙知への変換プロセスである内面化は知識実践の場であり、個人には実践力や行動力が必要とされ、また関係においては、知識に従って行動する個人とそれを取り巻く集団や個人との関係が重要となる。

このような状況では、個人が形式知に従って行動しても、それを周囲の人が肯定的に評価してくれるという期待が必要となる。内面化は表出化に比べて個人的な行動であるが、その行動を周囲がどのように受け止めるかが重要である点では表出化と共通する。同質性の高い集団では、集団の価値観にあった行動であれば批判されないとの安心が働く一方で、集団の価値観と異なる行動は取りにくくなる可能性がある。これに対し、多様な行動を受け入れる集団であれば、個人は形式知を実践に移すことが容易になる。

以上から、結束型ソーシャル・キャピタルの下では、安心して形式知を行動に移すことができる一方で特定の行動に偏る可能性があるが、多様な行動が許容される橋渡し型ソーシャル・キャピタルの下では、積極的な行動を通して幅広い暗黙知が蓄積されていくと考えられる。そのため、以下の仮説が提案される。

**仮説4**：橋渡し型ソーシャル・キャピタルは結束型よりも、内面化における行動と経験の蓄積を促進する。

## 4. 研究方法

### 4.1 調査方法

以上の仮説を検証するために、企業の知的労働に従事している従業員に対するアンケート調査によって得られたデータを分析する。アンケート調査はネットリサーチ業者に依頼し、調査はweb上で2008年4月に2段階で実施した。第1回目の調査は、登録モニターのうち、企業の正社員として登録しているモニター5万人に依頼した。調査では勤務先の事業形態、雇用形態、仕事内容、従業員数について尋ね、2万人から回答があった。その中から、従業員数10人以上の株式会社の正社員であり、かつ高度な知識が必要と思われる職務に就いているモニター3,500人を抽出した。職務内容は、Davenport（2005）のナレッジワーカーの概念を参考にし、具体的には「仕事では自分で判断する機会が多

表4.1　回答者の内訳

| 業種 | 人数 | % | 職種 | 人数 | % |
|---|---|---|---|---|---|
| 製造業（企業向け） | 512 | 30.1 | 営業・販売 | 282 | 16.6 |
| 製造業（消費者向け） | 245 | 14.4 | 研究・開発・技術 | 787 | 46.3 |
| 卸売業（企業向け） | 44 | 2.6 | 総務・人事 | 71 | 4.2 |
| 卸売業（消費者向け） | 16 | 0.9 | 財務・経理 | 40 | 2.4 |
| 卸売業（総合商社・各種商品） | 37 | 2.2 | 企画・マーケティング | 72 | 4.2 |
| 小売業 | 57 | 3.4 | 広告・デザイン | 18 | 1.1 |
| ソフトウェア・情報処理業 | 303 | 17.8 | 事務職 | 113 | 6.6 |
| サービス業（企業向け） | 166 | 9.8 | 管理職 | 224 | 13.2 |
| サービス業（消費者向け） | 135 | 7.9 | 会社経営・役員 | 30 | 1.8 |
| その他 | 185 | 10.9 | その他 | 63 | 3.7 |
| 従業員数 | | | 勤続年数 | | |
| 10〜49人 | 219 | 12.9 | 1ヶ月未満 | 9 | 0.5 |
| 50〜99人 | 141 | 8.3 | 1ヶ月〜3ヶ月未満 | 7 | 0.4 |
| 100〜299人 | 251 | 14.8 | 3ヶ月〜半年未満 | 16 | 0.9 |
| 300〜999人 | 295 | 17.4 | 半年〜1年未満 | 32 | 1.9 |
| 1,000〜4,999人 | 361 | 21.2 | 1年〜2年未満 | 83 | 4.9 |
| 5,000〜9,999人 | 161 | 9.5 | 2年〜3年未満 | 78 | 4.6 |
| 1万人以上 | 272 | 16.0 | 3年〜5年未満 | 150 | 8.8 |
| 年齢 | | | 5年以上 | 1,325 | 77.9 |
| 20代 | 122 | 7.2 | 性別 | | |
| 30代 | 711 | 41.8 | 男性 | 1,544 | 90.8 |
| 40代 | 681 | 40.1 | 女性 | 156 | 9.2 |
| 50代 | 174 | 10.2 | | | |
| 60代 | 12 | 0.7 | 合計 | 1,700 | 100.0 |

い」、「多くの知識や情報が必要とされる」、「創造性が必要とされる」、「ルーチンワーク（日々、決まって行なう業務）が少ない」の4つの選択肢から、3つ以上選んだ回答者を対象とした。

　上記の対象者に対し第2回目の本調査を実施し、最終的に回答があった1,700人分のデータを分析に用いる。回答者の内訳を表4.1に示すが、属性にお

いては男性、30代、40代が多く、回答者が働く企業の業種は、製造業や、ソフトウェア・情報処理業、職種は、研究・開発・技術職が多くなっている。

今回の調査は、ネットリサーチ業者のモニターを対象とし、特定の会社を対象としていないため、サンプルが働いている具体的な環境を把握することは困難である。一方で、企業や職種を越えた共通の特性を把握できる利点がある。

## 4.2 尺度

調査票では、説明変数としてソーシャル・キャピタル、目的変数として知識創造プロセスに関する質問を準備した（表4.2）。すべての質問の選択肢は「そう思う（5点）」、「ややそう思う（4点）」、「どちらでもない（3点）」、「あまりそう思わない（2点）」、「そう思わない（1点）」の5段階のリッカートスケールとなっている。

### (1) ソーシャル・キャピタルの尺度

本章では、ソーシャル・キャピタルを「個人や集団に効果をもたらす組織や社会における物理的、心理的な人間関係」と定義し、物理的・心理的関係と効果が構成要素となる。ただ、ここでは、便宜上、物理的、心理的関係をソーシャル・キャピタルの尺度として知識創造との関係を検討し、知識創造に効果をもたらす関係を厳密な意味でのソーシャル・キャピタルと捉える。

ソーシャル・キャピタルを測る質問として、Putnam（2000）や稲葉（2007）の定義から信頼やネットワークを測定することが考えられる。信頼に関しては主観的な信頼感を尋ね、ネットワークに関してはGranovetter（1973）の紐帯の定義から、職場の人間関係における接触頻度や時間、親密さ、Putnam（2000）の橋渡し型／結束型の議論から、関係の広さなどに関する質問を準備した。また、第2章で述べたように、社員は自発的に、横断的に職場外の人間関係を築くようになっており（石田, 2009）、第3章で概観したように、社外との人間関係が知的生産性を促進するとの報告があることから（Cross and Cummings, 2004）、会社の外との仕事関連の人間関係についても尋ねることとする。

### 表4.2　質問項目

**ソーシャル・キャピタル**
あなたの職場での人間関係についてお答えください
**社内関係**
①会社には気心を知れた人が多い
②会社には仕事以外の話ができる人が多い
③会社には仕事時間外でも付き合いのある人が多い
④会社では一部の人と密接に接することが多い
⑤会社では自分の所属部署に知り合いが多い
⑥会社では他の部署に知り合いが多い
⑦会社には仕事の情報交換ができる人が多い
⑧会社には短時間だけ接する人が多い
⑨会社には信頼できる人が多い
**社外関係**
①会社の外に仕事関係でやりとりのある知り合いが多い
②会社の外に仕事関係でやりとりのある気心を知れた人が多い
③会社の外に仕事関係でやりとりのある仕事以外の話ができる人が多い
④会社の外に仕事関係でやりとりのある仕事時間外でも付き合いのある人が多い
⑤会社の外に仕事関係でやりとりのある情報交換ができる人が多い
⑥会社の外に仕事関係でやりとりのある短時間だけ接する人が多い
⑦会社の外に仕事関係でやりとりのある信頼できる人が多い

あなたの職場におけるコミュニケーションについて当てはまるものを全てお答えください
**対面コミュニケーション**
①直接顔を合わせて仕事上の討議や相談をすることが多い
②直接顔を合わせて仕事上の連絡や報告をすることが多い
③直接顔を合わせて直接仕事に関係のないやりとりをすることが多い

**電子コミュニケーション**
①電子コミュニケーション（電子メールや電子掲示板など）で仕事上の討議や相談をすることが多い
②電子コミュニケーション（電子メールや電子掲示板など）で仕事上の連絡や報告をすることが多い
③電子コミュニケーション（電子メールや電子掲示板など）で直接仕事に関係のないやりとりをすることが多い

**知識創造プロセス**
あなたの職場の仕事の様子について当てはまるものを全てお答えください
**共同化**
①他の人と一緒に仕事をすることで、その人の姿から学ぶことが多い
②職場には仕事のお手本になる人が多い
**表出化**
①自分が持っている知識や情報を言葉で表現することが多い
②自分が持っている知識や情報を文章で表現することが多い
**連結化**
①多くの知識や情報から、具体的なアイデアを得ることが多い
②多くの知識や情報から、仕事の問題解決策を得ることが多い
③多くの知識や情報を統合して、新たな知識や情報を作り出すことが多い
**内面化**
①得られたアイデアを行動に移すことが多い
②行動することを通して学ぶことが多い
**一般的信頼**
①私はほとんどの人は信頼できる
②私は人を信頼するほうである

表4.3 因子分析の結果

|  | 第1因子 | 第2因子 | 第3因子 | 第4因子 |
| --- | --- | --- | --- | --- |
| 社内① | 0.190 | *0.824* | 0.154 | 0.081 |
| 社内② | 0.159 | *0.847* | 0.160 | 0.037 |
| 社内③ | 0.281 | *0.728* | 0.063 | 0.088 |
| 社内④ | 0.109 | 0.251 | 0.092 | 0.128 |
| 社内⑤ | 0.091 | *0.490* | 0.204 | 0.151 |
| 社内⑥ | 0.248 | *0.444* | 0.156 | 0.093 |
| 社内⑦ | 0.222 | *0.645* | 0.195 | 0.142 |
| 社内⑧ | 0.062 | -0.181 | 0.049 | 0.092 |
| 社内⑨ | 0.202 | *0.581* | 0.216 | 0.177 |
| 社外① | *0.759* | 0.194 | 0.104 | 0.060 |
| 社外② | *0.895* | 0.159 | 0.070 | 0.040 |
| 社外③ | *0.906* | 0.169 | 0.062 | 0.043 |
| 社外④ | *0.866* | 0.162 | 0.028 | 0.070 |
| 社外⑤ | *0.905* | 0.167 | 0.059 | 0.063 |
| 社外⑥ | *0.665* | 0.149 | 0.079 | 0.121 |
| 社外⑦ | *0.840* | 0.182 | 0.083 | 0.086 |
| 対面① | 0.066 | 0.094 | -0.061 | *0.897* |
| 対面② | 0.002 | 0.078 | 0.017 | *0.745* |
| 対面③ | 0.152 | 0.184 | -0.045 | *0.506* |
| 電子① | 0.044 | 0.204 | *0.836* | -0.032 |
| 電子② | 0.077 | 0.173 | *0.876* | -0.064 |
| 電子③ | 0.131 | 0.287 | *0.517* | 0.004 |
| 累積寄与率 | 24.0 | 40.5 | 49.5 | 57.6 |

※手法は最尤法、バリマックス回転
※値は回転後の因子行列、斜体は値が0.4以上のものを示す

　さらに、対面コミュニケーションと電子コミュニケーションを比較した場合、対面の方が近接性が高く、集団内の関係の割合や親密度が高くなると考えられることから、結束型のソーシャル・キャピタルの側面が高いと思われ、対面／電子コミュニケーションについての質問も準備した。

表4.4　尺度の信頼性

| 尺度 | クロンバックのα係数 |
| --- | --- |
| 社内 | 0.878 |
| 社外 | 0.951 |
| 対面 | 0.811 |
| 電子 | 0.759 |
| 共同化 | 0.675 |
| 表出化 | 0.624 |
| 連結化 | 0.888 |
| 内面化 | 0.796 |
| 一般的信頼 | 0.830 |

　以上の質問からソーシャル・キャピタルに関する尺度を作成するため、これらの質問を因子分析（最尤法、バリマックス回転）で分析した（表4.3）。その結果、社内の人間関係、社外の人間関係、対面コミュニケーション、電子コミュニケーションに関する因子が抽出された。社内の人間関係に関する質問項目のうち、「一部の人と密接に接することが多い（社内④）」と「短時間だけ接する人が多い（社内⑧）」の項目はどの因子にも含まれなかったことから、分析から除外する。社内／社外のソーシャル・キャピタルには、信頼や接触頻度等、様々な項目を準備したが、社内と社外の因子のみが抽出されたことは、関係の内容よりも、社内／社外の関係の範囲による差異が大きいことを意味している。以上、因子分析の結果に従い尺度を作成し、それらの信頼性をクロンバックのα係数で確認したが、その値が大きいことから尺度の信頼性は保証された（表4.4）。そこで、これらの尺度を「社内関係」、「社外関係」、「電子」、「対面」と呼ぶこととする。

　本章では、結束型ソーシャル・キャピタルを「集団の内部との密接な関係に基づいた同質な情報、知識、価値観の共有を通して個人や集団に効果をもたらす関係」、橋渡し型を「外部の多様な集団との緩やかな関係に基づいた多様な情報、知識、価値観の伝達を通してして個人や集団に効果をもたらす関係」と

**表4.5 ソーシャル・キャピタルの尺度の特徴**

|  | 関係の広さ | 親密度 | ソーシャル・キャピタル |
|---|---|---|---|
| 社内 | 狭い | ― | 結束型 |
| 社外 | 広い | ― | 橋渡し型 |
| 対面 | 狭い | 高い | 結束型 |
| 電子 | 広い | 低い | 橋渡し型 |

定義し、関係の広がり、関係の親密度、関係がもたらす多様性が結束型と橋渡し型を区別するポイントとなる。そのため、社外関係が社内関係よりも広がりが大きいことから、社外関係が橋渡し型、社内関係が結束型の側面が強いと考えられる。対面コミュニケーションは電子コミュニケーションよりも集団内の関係の割合が高く、親密度が高くなると考えられ、対面が結束型、電子が橋渡し型の側面が強いと思われる。以上のソーシャル・キャピタルに関する尺度の特徴を表4.5に示す。

### (2) 知識創造プロセスの尺度

知識創造プロセスに関しては、SECIモデルに従い、共同化、表出化、連結化、内面化に関する質問を用いて尺度を作成する。これらの質問では、知識という言葉とともに、情報という言葉も併記した。アンケートでは、暗黙知と形式知の変換プロセスであるSECIモデルにおける知識創造を測定することを目指しており、暗黙知と形式知双方を含んだ幅広い知識が測定対象となる。一般の人は、知識を暗黙知のような狭いものとして捉え、形式知を専門的な情報と捉える可能性があり、幅広い意味で知識を測定する際には知識と情報を併記した方が良いとの指摘があることから（Song and Teng, 2008）、本アンケートでもそのように質問を作成した。これらの尺度は、後述するように別々の重回帰式において目的変数として扱うことから、厳密な尺度の独立性は必要とされない。そこで、ここではクロンバックの$\alpha$係数によってのみ尺度の信頼性を検討した（表4.4）。その結果、共同化と表出化で$\alpha$係数の値がやや小さいため、結果の

## (3) コントロール変数の尺度

　企業組織における個人の諸行動に、その組織の特性や個人の特性が影響を与えている可能性があり、それらをコントロール変数として重回帰分析に加えることで、より正確な分析結果が得られることが期待される。たとえば、組織構造が知識創造に影響するという報告（Lee and Choi, 2003）や、知識創造プロセスにおいて勤続年数がプロセスに負の影響を与えるとの報告（堀江他, 2008）がみられる。さらに、タスクや職務により選択されるコミュニケーション・モードが異なるとの議論や報告がみられる（e.g., Daft et al., 1987; 中村, 2003）。そこで、サンプルの勤務先の業種と職種、従業員数、勤続年数をコントロール変数として回帰分析に取り入れる。

　業種と職種としては表4.1に示す選択肢を準備したが、これらの業種と職種をソーシャル・キャピタルと知識創造のパターンからクラスタ分析により分類する。具体的には、それぞれの業種ごとに、または職種ごとに、ソーシャル・キャピタルと知識創造に関する各尺度の平均値を求め、それをデータとしてクラスタ分析（Ward法、平方ユークリッド距離）を行なった。その結果、業種は、第1クラスタとして製造業（企業向け）、製造業（消費者向け）、ソフト・情報処理業、第2クラスタとして、卸売業（企業向け）、卸売業（消費者向け）、卸売業（商社）、小売業、サービス業（企業向け）、サービス業（消費者向け）、その他に分類された。第1クラスタはサンプル数で上位3位の業種が含まれていることから、第1クラスタの業種に所属するサンプルを1、そうでないサンプルを0とするダミー変数を設定し、これを「製造・情報」の尺度とする。

　職種は、第1クラスタとして研究・開発・技術、事務、財務・経理、第2クラスタとして総務・人事、企画・マーケティング、管理職、営業・販売、第3クラスタとして広告・デザイン、その他、第4クラスタとして経営役員に分類された。第1クラスタにはサンプル数の約46％を占める研究・開発・技術職が含まれ、かつ第3、第4クラスタのサンプル数が少ないことから、第1クラスタの職種に所属するサンプルを1、そうでないサンプルを0とするダミー変数

を設定し、これを「研究・開発・経理・事務」の尺度とする。

従業員数と勤続年数の質問は、表4.1に示したカテゴリが選択肢となっていることから順序尺度であるが、簡略化するため選択肢の番号を得点化して間隔尺度として扱う。ただし、勤続年数は5年以上のカテゴリに8割近くが集まっているため、勤続年数に関する結果は参考にとどめる。

さらに、コントロール変数として一般的信頼を加える。ネット・コミュニティにおいて一般的信頼が人間関係や知識・情報提供を促進するとともに、人間関係と知識・情報提供との関係に影響を与えているといった報告がある（向日, 2008）。この結果を踏まえるなら、企業内においても一般的信頼がソーシャル・キャピタル、知識創造プロセスに影響を与えるとともに、ソーシャル・キャピタルと知識創造プロセスとの関係に影響を与える可能性も否めない。

そこで、一般的信頼をもコントロール変数に加えるが、一般的信頼の質問は山岸（1998）が作成したものから2項目を選び、それを一般的信頼の尺度とした。選択肢は他の尺度の質問と同様に5段階であるが、これらの質問を表4.2に、尺度の信頼性（$\alpha$ 係数）を表4.4に示している。

## 4.3 分析方法

「社内関係」、「社外関係」、「対面コミュニケーション」、「電子コミュニケーション」を説明変数とし、「共同化」、「表出化」、「連結化」、「内面化」の尺度をそれぞれ目的変数として重回帰分析を施す。また、コントロール変数の影響を検証するために、「製造・情報」、「研究・開発・経理・事務」、「従業員数」、「勤続年数」、「一般的信頼」のコントロール変数を説明変数に加えた分析も施す。

## 5. 分析結果

### 5.1 コントロール変数の影響

ソーシャル・キャピタルの影響のみを求めた結果を表4.6、コントロール変数を加えた結果を表4.7に示す。コントロール変数内の独立性と、ソーシャル・

キャピタルの各変数とコントロール変数の各変数間の独立性を検討していないため、コントロール変数を加えた分析では多重共線性の影響が生じる可能性があることから、その影響をVIFで確認したが、その値は小さいため、多重共

表4.6 ソーシャル・キャピタルと知識創造との重回帰分析の結果

|  | 共同化 | 表出化 | 連結化 | 内面化 |
|---|---|---|---|---|
| 社内 | 0.426 ** | 0.216 ** | 0.226 ** | 0.209 ** |
| 社外 | -0.032 | 0.184 ** | 0.130 ** | 0.115 ** |
| 対面 | 0.197 ** | 0.188 ** | 0.238 ** | 0.260 ** |
| 電子 | 0.122 ** | 0.193 ** | 0.112 ** | 0.088 ** |
| 調整済みR$^2$ | 0.317 | 0.269 | 0.239 | 0.223 |
| F検定量 | 198.199 ** | 157.255 ** | 134.107 ** | 123.226 ** |

※＊＊:p＜0.01
※値は標準回帰係数

表4.7 ソーシャル・キャピタル、コントロール変数と知識創造との重回帰分析の結果

|  | 共同化 | 表出化 | 連結化 | 内面化 | VIF |
|---|---|---|---|---|---|
| ソーシャル・キャピタル | | | | | |
| 社内 | 0.345 ** | 0.184 ** | 0.198 ** | 0.181 ** | 1.785 |
| 社外 | -0.063 ** | 0.159 ** | 0.114 ** | 0.091 ** | 1.363 |
| 対面 | 0.163 ** | 0.171 ** | 0.222 ** | 0.246 ** | 1.270 |
| 電子 | 0.089 ** | 0.188 ** | 0.110 ** | 0.092 ** | 1.208 |
| コントロール変数 | | | | | |
| 製造・情報 | -0.032 | -0.042 | -0.013 | -0.005 | 1.139 |
| 研究・開発・経理・事務 | 0.024 | -0.001 | 0.021 | -0.018 | 1.156 |
| 従業員数 | 0.063 ** | 0.013 | -0.024 | -0.022 | 1.134 |
| 勤続年数 | -0.092 ** | -0.055 ** | -0.036 | -0.048 * | 1.065 |
| 一般的信頼 | 0.261 ** | 0.114 ** | 0.098 ** | 0.097 ** | 1.366 |
| 調整済みR$^2$ | 0.378 | 0.281 | 0.246 | 0.232 | |
| F検定量 | 115.613 ** | 74.881 ** | 62.646 ** | 58.059 ** | |

※＊:p＜0.05, ＊＊:p＜0.01
※値は標準回帰係数

線性の問題はない。

　この結果をみる限り、コントロール変数の有無で、標準回帰係数の値が大きく変化する傾向はみられない。このことから、ソーシャル・キャピタルから知識提供への関係に対して、コントロール変数は影響を与えていないと考えられる。以下では、コントロール変数を加えた表4.7の結果に基づき、解釈、考察を進める。

　まず、コントロール変数から知識創造プロセスへの影響をみるが、業種や職種は知識創造プロセスへは影響を与えておらず、直接には知識創造には影響しないことを意味する。一方で、従業員数は共同化をやや促進することから、単に従業員数が多いだけであっても手本になる従業員が周りに増えることで、共同化が促進する可能性がある。さらに、勤続年数が弱いながらも共同化、表出化、内面化に負の影響を与えている。先行研究（堀江他, 2008）では尺度が異なるものの、勤続年数が内面化に負の影響を与えることが示されている。本章における勤続年数の尺度は偏りが大きいために信頼性は低いものの、先行研究の結果も考慮するなら、勤続年数は知識創造活動においては負に働く可能性がある。

　一般的信頼はすべての知識創造プロセスに正の影響を与えており、一般的信頼の特徴を兼ね備えている人物は、職場における人間関係やコミュニケーションの特徴にかかわらず、知識創造の様々な活動を刺激しているようである。

## 5.2　仮説の検証

### (1) 共同化への影響

　共同化の促進には、社内関係、対面及び電子コミュニケーションが正の有意な影響を与え、社外関係は負の有意な影響を与えている。結束型の側面が強い社内関係と、橋渡し型の側面が強い社外関係とを比較すると、社内の正の影響が社外よりも非常に強く、また結束型の側面が強い対面と橋渡し型の側面が強い電子とを比較すると、対面の正の影響が電子よりもやや強い傾向がみられる。これらの対比から、結束型ソーシャル・キャピタルが共同化に強い影響を与えているようである。以上から、「仮説1：結束型ソーシャル・キャピタルは橋

渡し型よりも、共同化における暗黙知の獲得を促進する」は、社内と社外、対面と電子との比較において支持される。

### (2) 表出化への影響

表出化へは、社内関係、社外関係、対面及び電子コミュニケーションが正の有意な影響を与えており、影響の大きさにおいても大差がない。この結果、結束型と橋渡し型には差がなく、「仮説2：橋渡し型ソーシャル・キャピタルは結束型よりも、表出化における知識表出を促進する」は支持されたとは言い難い。ただ共同化と比較すると、橋渡し型の側面が強い社外、電子の影響が強くなっており、共同化と比較した場合、仮説2の意味するところが多少支持されたとも解釈できる。

### (3) 連結化、内面化への影響

連結化、内面化へは、それぞれ、社内関係、社外関係、対面及び電子コミュニケーションが有意な正の影響を与えているが、連結化、内面化ともに、社内が社外よりも、対面が電子よりも正の影響が強くなる傾向があり、結束型の方が強い影響を与えているようである。以上から「仮説3：橋渡し型ソーシャル・キャピタルは結束型よりも、連結化における新たな知識の創出を促進する」、「仮説4：橋渡し型ソーシャル・キャピタルは結束型よりも、内面化における行動と経験の蓄積を促進する」は支持されたとは言い難い。

## 6. 考察

### 6.1 社内の人間関係と社外の人間関係の影響

社内関係と社外関係の影響を直接比較すると、知識創造の各プロセスで社内の正の影響が強くなっている。しかし、人間関係ごとに各プロセスへの影響に注目すると、社内関係は共同化に与える影響は非常に大きいものの、表出化、連結化、内面化に与える影響はそれに比べると小さくなるのに対し、社外関係

は共同化に与える影響は小さいながらも負の影響となっているが、表出化、連結化、内面化へは正の影響を与えている。この傾向は、社内関係を結束型、社外を橋渡し型と解釈した場合、仮説1から4で想定した、結束型が共同化を、橋渡し型が表出化、連結化、内面化を促進するとの傾向と一致している。仮説で想定した以上に結束型の影響が強いものの、その影響の強弱の傾向は支持されたとも考えられる。

　本章における仮説は、関係がもたらす多様性の影響を考慮しつつ設定しているが、その仮説の傾向が支持されていることは、本章で用いた社内、社外関係の尺度が多様性を左右する役割を果たしていると考えられる。同質性の高い社内の人間関係が共同化を大きく促進させる一方、多様性の高い社外との関係は共同化をやや抑制するため、共同化では社内の関係を重視することが好ましい。これに対し、表出化、連結化、内面化においては、社内の関係だけでは共同化ほどの効果が得られず、社外の関係が加わることで共同化と同様の効果が得られることが期待できる。

　ただ、仮説で想定した以上に、各プロセスにおいて結束型の側面の強い社内関係の影響が強いという結果は、各プロセスにおいても同質性を高める社内の関係がベースとして必要であることも意味している。第1章で論じたように、知識は製品やサービスに直結するメイン知識と、目的や価値観等、知識共有のために必要なメンタル・モデルに区別されたが、メンタル・モデルは暗黙知的な側面が強いことから結束型ソーシャル・キャピタルで移転されることが多いと考えられる。そのため、メイン知識の表出化、連結化、内面化の活動においては、社外の関係が有効であるとともに、その活動のベースとしてメンタル・モデルを共有するために社内の関係が必要とされている可能性がある。つまり、メイン知識の共有と並行してメンタル・モデルの共有がなされていることを意味し、社外と社内の双方の関係が必要とされていると考えることができる。

## 6.2　対面／電子コミュニケーションの影響

　対面、電子双方のコミュニケーションが知識創造の各プロセスに有意な正の影響を与えており、対面と電子双方を組み合わせることで各プロセスが促進す

る。ただし、影響の大きさに注目すると、対面コミュニケーションはすべての知識創造プロセスにおいて大きな影響を与えているのに対し、電子は特に表出化に大きな影響を与えている。このことは、電子メールや電子掲示板といったツールが表出活動を促進していることを示している。このようなツールの特徴である相手の見えにくさがもたらす情緒的なつながりの弱さ、つまり、紐帯の弱さが多様な関係を促進し、そのような多様性の高い環境が正直な意見の表出を促進している可能性がある。この点において、電子コミュニケーションは仮説で想定したように、多様性をもたらす橋渡し型のソーシャル・キャピタルとして機能していると考えられる。

しかしながら、連結化への影響では、対面は表出化と同程度の大きな影響を与えているのに対し、電子は表出化ほどの影響を与えておらず、対面と比べてもその影響は小さい。これは、表出化において知識を提供する立場からみた場合、電子コミュニケーションは対面と同程度に知識を提供しやすいと認識されているものの、連結化において知識を獲得する立場からみた場合には、電子では対面ほど有益な知識が得られたと認識されていないことを意味している。電子コミュニケーションにおいては、提供される知識の量に比べ有益な知識が少ない可能性が危惧される。

また、各プロセスにおいて対面コミュニケーションの影響がみられることから、社内の関係と同様に、対面コミュニケーションがメンタル・モデルの移転の役割を果たしており、どのプロセスにおいても重要な基盤となっている可能性が考えられる。

## 6.3 適用

本章の結果から、社内の関係を中心とした結束型ソーシャル・キャピタルが成熟することで、知識創造のすべてのプロセスが促進するが、特にその影響は共同化で顕著であると考えられる。その一方で、社外の関係を中心とした橋渡し型ソーシャル・キャピタルが成熟しなければ、組織の同質化が進み、表出化、連結化、内面化においては共同化ほどの成果が期待できない。ナレッジ・マネジメントの議論において人間関係の重要性が議論されてきたが、単に人間関係

を築けばよいのではなく、どの知識創造のプロセスの活性化を狙うかで、社内と社外のどちらの人間関係を築くことが重要であるかが異なる。

また、対面コミュニケーションは知識創造の各プロセスを促進するのに対し、電子では表出化のみを対面と同等に促進することが確認された。知識を提供したい人にとっては、電子コミュニケーションは有効なツールであるが、必ずしもそれが連結化につながっていない可能性がある。表出化においては電子ならではの特徴が有益な効果をもたらすが、その他のプロセスにおいては、電子特有の効果はそれほど大きくはなく、知識創造において電子は対面の補完と考えるのが適切である。

さらに、一般的信頼が高ければ、知識創造が促進する傾向が確認されたことから、一般的信頼の高い個人の存在によって知識創造プロセスの促進が左右されると考えられる。一般的信頼が高い人材を知識創造活動に登用することが重要と思われ、知識創造業務に関わる採用や配置転換においては、個人の一般的信頼の把握が必要となる。また、勤続年数が長いほど、知識創造活動が非活性化する傾向がみられた。勤続年数が長いと仕事のマンネリ化が進む可能性もあり、勤続年数の長い人に対しては何らかの働きかけが必要とも考えられる。

## 6.4 研究課題

今後の研究課題の1つに尺度の整理が挙げられる。本章では、ソーシャル・キャピタルの尺度に、Putnamの概念を参考に結束型／橋渡し型の分類を援用したが、人間関係に関する項目は、社外と社内の関係のみに分類されたため、結果的に関係の範囲の大小を示す尺度となった。これは、本章のソーシャル・キャピタルの定義、「個人や集団に効果をもたらす組織や社会における物理的、心理的な人間関係」の物理的側面のみを測定したといえ、またNahapiet and Ghoshal（1988）が提示したソーシャル・キャピタルの「構造的次元」、「関係的次元」、「認知的次元」のうち、構造的次元のみを測定したといえ、心理的側面や、関係的・認知的次元の尺度を用いた分析が期待される。

また、ソーシャル・キャピタルの範囲の問題が挙げられる。今回は仕事に関する人間関係について尋ねたが、ソーシャル・キャピタルがもたらす多様性を

考えた場合、仕事以外の私生活における人間関係が、どのような知識をもたらすのかという興味が生じる。

さらに、やり取りされる知識の種類についても考慮する必要がある。各プロセスにおいて社内関係や対面コミュニケーションの影響がみられた理由として、目的、理念、価値観などのメンタル・モデルの共有のために、これらの関係が必要となったことが挙げられた。知識創造の場面では、メイン知識とメンタル・モデルの共有・創造活動が混在していると考えられ、特に暗黙知の側面の強いメンタル・モデルは社内関係や対面を介して共有されている可能性がある。

## 7. おわりに

本章では、橋渡し型と結束型のソーシャル・キャピタルと知識創造の各プロセスとの関係について検討することを目的とし、仕事における社内／社外の人間関係と対面／電子コミュニケーションが共同化、表出化、連結化、内面化に与える影響について分析し、以下の結果が明らかにされた。

1）社内関係は、知識創造の各プロセスを促進するが、特に共同化に与える影響が大きい。
2）社外関係は、表出化、連結化、内面化を促進するが、共同化を抑制する。
3）各プロセスの促進に与える影響は、社内関係が社外関係よりも大きいが、その差は共同化で非常に大きく、他のプロセスでは小さくなっている。
4）対面コミュニケーションは、知識創造の各プロセスを促進する。
5）電子コミュニケーションは、知識創造の各プロセスを促進する。
6）各プロセスの促進に与える影響は、共同化、連結化、内面化では対面が電子よりも大きいが、表出化では同じである。

以上の結果は、各知識創造プロセスによって適切な関係やコミュニケーションが異なることを意味しており、プロセスに応じて適切なソーシャル・キャピタルを築くことが必要であることを示している。特に、共同化の促進を期待す

るのであれば、社内の人間関係や対面コミュニケーションが重要であるが、表出化では、社内と社外の関係や対面と電子のコミュニケーションすべてが同等に重要である。

# 第5章

# 組織特性と知識創造

## 1. はじめに

　第4章において、ソーシャル・キャピタルと知識創造との関係について分析し、知識創造のプロセスごとに、結束型、橋渡し型どちらのソーシャル・キャピタルが必要となるのかを検討した。ただ、分析に用いたソーシャル・キャピタルの項目のうち、社内と社外の人間関係に関しては接触頻度や時間、親密さ、関係の広さに関する項目を準備したものの、社内と社外の関係の広さのみにおいて弁別された。

　Nahapiet and Ghoshal（1998）は、ソーシャル・キャピタル概念を、ネットワーク形状などによる「構造的次元」、言語やビジョンの共有などによる「認知的次元」、信頼や規範などによる「関係的次元」に分類したが、第4章の関係の広さに基づくソーシャル・キャピタルは構造的次元に該当する。第3章でレビューしたように、知識創造や知識共有の先行研究においては、ソーシャル・キャピタルの認知的、関係的次元も知識共有に影響を与えており、また目的の共有、信頼関係、自律性、報酬制度など、様々な組織の特性が知識共有に影響を与えていることも明らかにされている。Nahapiet and Ghoshal（1998）に従うと、目的の共有はソーシャル・キャピタルの認知的次元、信頼関係は関係的次元であり、これらの組織特性はソーシャル・キャピタルの側面を有していると考えられる。また、自律性は特定の関係に拘束されない関係を促す可能性があり、一方、報酬は競争を促すことで関係を希薄化させる可能性があり（von Krough et al., 2000）、このような組織特性もまたソーシャル・キャピタルと密接に関係している。加えて、第4章で仕事に関する社外の人間関係が知識創造

に影響を与えることが示されていたが、社外の環境の変化に対してアンテナを張っている組織では、社外の関係を通して多様な知識が流入して知識の創造が活性化することが予想される。

そこで本章では、第4章の結果を組織特性の側面から再検討するために、組織の信頼関係、目的の共有、自律性、外部変化への対応、内部競争など、ソーシャル・キャピタルに関連する組織特性が知識創造の各プロセスに与える影響を明らかにすることを目的とする。そして、アンケート調査で得られたデータを分析し、組織特性の側面から結束型と橋渡し型のソーシャル・キャピタルが知識創造に与える影響について考察する。

## 2. 研究背景と仮説

第3章において、組織特性が知識共有に与える影響についてレビューしたが、それらの研究と、第4章の結果に基づき、仮説を設定する。

### 2.1 信頼関係

知識共有や創造の促進要因の議論において、信頼、相互援助、目標やビジョンの共有などが行き渡った環境で知識の移転が容易になるとの意見が多くみられ (e.g., Davenport and Prusak, 1998; Nonaka and Takeuchi, 1995; von Krough et al., 2000)、実証研究においても信頼関係、一体感、上司や同僚の援助、ビジョンの共有などが知識共有を促進することが示されている (e.g., Bock et al., 2005; Cabrera et al., 2006; Connelly and Kelloway, 2003; Lee and Choi, 2003; Robert et al., 2008)。そのため、個人が属する組織がこのような特性を有することは、知識創造において重要と考えられる。

信頼の概念は、第2章で紹介した、山岸 (1998) が述べるところの狭義の信頼は橋渡し型の側面が強いが、一般的には信頼は強固な人間関係を意味することから、アンケートによって尋ねられる主観的な信頼感は結束型の側面が強いと考えられる。また、信頼とビジョンの共有は、Nahapiet and Ghoshal (1998) によると、異なる次元のソーシャル・キャピタルと捉えられるものの、Tsai and Ghoshal（1998）によると、両者には強い関係があることが示されており、マクロ的には、信頼とビジョンの共有に基づく組織特性は、組織の親密な関係に基づく信頼関係を表す特性と考えられる。

このような信頼関係がもたらす人間関係は、結束型のソーシャル・キャピタルの側面が強い。第4章では、結束型のソーシャル・キャピタルの側面の強い社内の関係は、知識創造の共同化、表出化、連結化、内面化すべてのプロセスに正の影響を与えるが、特に個人から個人への暗黙知の移転である共同化により強い正の影響を与えていることが明らかにされ、言葉にしづらい暗黙知の移転には、同質性や接触頻度が高いと思われる社内の関係が有効であると考えられた。その一方で、表出化、連結化、内面化においても共通基盤を築く上で、一定の結束型のソーシャル・キャピタルが必要である可能性が示唆された。これらの結果を踏まえるならば、信頼関係の強い同質性の高い組織では各プロセスが活性化しているが、特に共同化において、その傾向が顕著である可能性がある。そのため、以下の仮説が提案される。

**仮説1**：信頼関係は知識創造全体を促進するが、特に共同化を促進する。

## 2.2 自由な雰囲気

Nonaka and Takeuchi（1995）は、社員の自由な行動を認めることを通し、社員が思いがけない機会を取り込むチャンスを得、また新しい知識を創造するために自分を動機づけるようになると述べ、知識創造において自律性が重要であると主張している。また実証研究でも、自律性や新しいアイデアを奨励し、失敗から学ぶ文化が知識共有を促進するとの報告がみられる（Foss et al., 2009; Taylor and Wright, 2004; 堀江他, 2007）。

このような社員に権限を委譲した自由な雰囲気は、多様な意見、行動、関係を受け入れる環境を組織にもたらすことから、橋渡し型の関係を奨励する組織特性と考えられる。第4章では、橋渡し型の側面の強い社外の関係が、積極的な発言といった表出化の促進、表出された多様な知識を獲得することによる連

結化の促進、多様な関係の下で多様な行動が促されることによる内面化の促進に正の影響を与えていることが明らかにされている。これらの結果は社外との多様な関係がもたらした影響であるが、自由な雰囲気がもたらす多様な関係もまた、多様な意見の表出、表出された多様な意見の連結、そして多様な行動による内面化を促進する可能性が想定される。そのため、以下の仮説が提案される。

**仮説2**：組織の自由な雰囲気は、表出化、連結化、内面化を促進する。

## 2.3 外部変化への対応

新たな製品やサービスの開発のための知識創造には、刻々と変化する市場やライバル企業の動向に対応する必要があり、そのためには外部との接点が不可欠となる。このような外部との接点は橋渡し型のソーシャル・キャピタルの側面が強いと思われるが、第4章では社外との関係が、表出化、連結化、内面化を促進していることが明らかにされた。外部への変化に敏感で外部とのネットワークを通して多様な情報が流れ込む組織においては、外部のニーズに応えるために多様な知識が表出され、また表出された多様な知識の獲得を通して連結化が促進すると思われる。さらには、多様性を受け入れる組織の中で多様な行動が促されて内面化が促進する可能性がある。そのため、以下の仮説が提案される。

**仮説3**：外部変化への対応は、表出化、連結化、内面化を促進する。

## 2.4 内部競争

近年、日本の企業に成果主義が導入されるケースがみられるが、成果主義がもたらす社内における過当な競争により、社員の内発的動機が弱まり（高橋, 2004）、社員間の協力が生まれにくくなってきている（高橋他, 2008）、といっ

た弊害が指摘されている。ナレッジ・マネジメントの視点においても、社員間の過当な競争は、社員の間に損得勘定に基づいた合理的な知識の取引関係をもたらし、自発的な知識交換を抑制するとの意見がみられる（von Krough et al., 2000）。

一方で、実証研究では競争の影響は定かではない。組織内における競争を高める可能性のある組織の報酬制度に注目した研究では、報酬制度は知識共有を促進する傾向がみられるものの（Cabrera et al., 2006; Lee et al., 2006; Kim and Lee, 2006）、動機に注目した研究では報酬に基づく動機が知識提供にプラスに働かないとの結果もみられ（Bock et al., 2005; Lin, 2007a）、報酬に基づく競争が知識提供行動に与える影響については、明確な判断を下すことが難しい。

ただ、上記の研究は報酬そのものだけに注目しているが、この報酬が組織内部における競争に結びつく場合には、他者に対して優位に立つために知識の隠蔽が生じ、知識創造を抑制する可能性がある。内部の過当な競争の下で形成される人間関係は、自己の利益に基づいた合理的、非情緒的な判断に従い、必要に応じて必要な相手と関係が形成され、また解除されることから、橋渡し型の側面が強いと考えられる。第4章では、社外との橋渡し型の関係が表出化、連結化、内面化を促進するとの結果がみられたが、内部競争が激しい職場における橋渡し型の関係の下では知識創造が抑制されると考えられ、橋渡し型の多様性がもたらす効果が相殺される可能性がある。これらから、以下の仮説が提案される。

**仮説4**：内部競争は知識創造全体に影響を与えない。

## 3. 研究方法

### 3.1 調査方法

上記の仮説を検証するために、アンケート調査を通して得られたデータを分

析する。データは第4章で用いた、知的労働に従事している従業員に対して行なったものを用いる。回答者は男性、30代、40代が多く、回答者が働く企業の業種は製造業や、ソフトウェア・情報処理業、職種は研究・開発・技術職が多くなっているのが特徴であった。

## 3.2 尺度

分析には、組織特性に関する質問項目（表5.1）と第4章で用いた知識創造プロセスに関する質問を用いる。各質問の選択肢は、「そう思う（5点）」、「ややそう思う（4点）」、「どちらでもない（3点）」、「あまりそう思わない（2点）」、「そう思わない（1点）」の5段階のリッカートスケールとなっている。

組織特性の質問は、上記の仮説に関係し、「信頼関係」、「自由な雰囲気」、「外部変化への対応」、「内部競争」に関する項目を準備した。これらの組織特性に関する項目から尺度を作成するために、因子分析（最尤法、バリマックス回転）を行ない、得られた因子に従い尺度を構成した場合の信頼性をクロンバックの $\alpha$ 係数で検証した。因子分析の結果（表5.2）、想定通り「信頼関係」、「自由な雰囲気」、「外部変化への対応」、「内部競争」の因子が抽出された。各因子を尺度とした場合の信頼性は「内部競争」で $\alpha$ 係数がやや小さいが、その他の尺度では $\alpha$ 係数は大きい（表5.3）。この結果から因子ごとに、因子に含まれる項目を用いて尺度を作成するが、「内部競争」の尺度に関しては解釈の際に注

表5.1　質問項目

| | |
|---|---|
| 組織特性 <br> あなたの職場の様子や雰囲気についてお答えください <br> 信頼関係 <br> ①お互いに助け合う雰囲気である <br> ②社員が信頼しあっている <br> ③会社の理念や目的がいきわたっている <br> ④職場の和を重んじている <br> 自由な雰囲気 <br> ①自由な雰囲気である <br> ②新しいものに挑戦できる雰囲気である <br> ③自分の意見を表明しやすい雰囲気である | 外部変化への対応 <br> ①外部の情報に敏感である <br> ②変化に対応しようとしている <br> 内部競争 <br> ①社員間の競争が激しい <br> ②給料は成果主義の側面が強い |

表5.2 因子分析の結果

| | 第1因子 | 第2因子 | 第3因子 | 第4因子 |
|---|---|---|---|---|
| 信頼関係① | *0.737* | 0.389 | 0.194 | 0.017 |
| 信頼関係② | *0.828* | 0.338 | 0.182 | 0.085 |
| 信頼関係③ | *0.537* | 0.222 | 0.385 | 0.297 |
| 信頼関係④ | *0.588* | 0.273 | 0.368 | 0.030 |
| 自由な雰囲気① | 0.263 | *0.736* | 0.144 | -0.022 |
| 自由な雰囲気② | 0.293 | *0.732* | 0.270 | 0.167 |
| 自由な雰囲気③ | 0.359 | *0.758* | 0.222 | 0.071 |
| 外部変化への対応① | 0.031 | -0.040 | 0.096 | *0.728* |
| 外部変化への対応② | 0.068 | 0.115 | 0.154 | *0.612* |
| 内部競争① | 0.297 | 0.228 | *0.575* | 0.272 |
| 内部競争② | 0.287 | 0.286 | *0.761* | 0.217 |
| 累積寄与率 | 21.1 | 41.0 | 54.1 | 64.7 |

※手法は最尤法、バリマックス回転
※値は回転後の因子行列、斜体は値が0.4以上のものを示す

表5.3 尺度の信頼性

| 尺度 | クロンバックのα係数 |
|---|---|
| 信頼関係 | 0.869 |
| 自由な雰囲気 | 0.869 |
| 外部変化への対応 | 0.787 |
| 内部競争 | 0.621 |

意が必要である。

## 3.3 分析方法

　以上の尺度を用い、組織特性の各尺度を説明変数、知識創造の各尺度を目的変数とし、重回帰分析によって分析する。

本章においては第4章を検証する意味もあり、また同様のデータを用いることから、第4章と同様のコントロール変数を投入する。具体的には、業種、職種、従業員数、勤続年数と一般的信頼の変数を投入する。

業種と職種は、第4章におけるクラスタ分析による分類に従う。業種は、製造業（企業向け）、製造業（消費者向け）、ソフト・情報処理業であれば1、それ以外であれば0とするダミー変数を設定し、これを「製造・情報」の尺度とした。また職種は、研究・開発・技術、事務、財務・経理であれば1、それ以外であれば0とするダミー変数を設定し、これを「研究・開発・経理・事務」の尺度とした。

## 4. 分析結果

### 4.1　コントロール変数の影響

組織特性の影響のみを求めた結果を表5.4、コントロール変数を加えた結果を表5.5に示す。コントロール変数内の独立性や、組織特性の各変数とコントロール変数の各変数間の独立性を検討していないため、コントロール変数を加えた分析では多重共線性の影響が生じる可能性があることから、その影響をVIFで確認したが、その値は小さいため多重共線性の問題はない。

表5.4　組織特性と知識創造との重回帰分析の結果

|  | 共同化 | 表出化 | 連結化 | 内面化 |
|---|---|---|---|---|
| 信頼関係 | 0.355 ** | 0.171 ** | 0.092 ** | 0.099 ** |
| 自由な雰囲気 | 0.110 ** | 0.170 ** | 0.180 ** | 0.187 ** |
| 外部変化への対応 | 0.150 ** | 0.104 ** | 0.171 ** | 0.124 ** |
| 内部競争 | 0.041 | 0.003 | -0.025 | -0.024 |
| 調整済み$R^2$ | 0.311 | 0.148 | 0.138 | 0.120 |
| F検定量 | 192.458 ** | 74.613 ** | 69.154 ** | 58.718 ** |

※＊＊：p＜0.01
※値は標準回帰係数

第5章　組織特性と知識創造

表5.5　組織特性、コントロール変数と知識創造との重回帰分析の結果

|  | 共同化 | 表出化 | 連結化 | 内面化 | VIF |
|---|---|---|---|---|---|
| 組織特性 |  |  |  |  |  |
| 　信頼関係 | 0.252 ** | 0.092 ** | 0.026 | 0.035 | 2.416 |
| 　自由な雰囲気 | 0.096 ** | 0.162 ** | 0.168 ** | 0.176 ** | 1.886 |
| 　外部変化への対応 | 0.134 ** | 0.086 ** | 0.153 ** | 0.106 ** | 1.941 |
| 　内部競争 | 0.020 | -0.015 | -0.030 | -0.031 | 1.211 |
| コントロール変数 |  |  |  |  |  |
| 　製造・情報 | -0.019 | -0.057 * | -0.027 | -0.021 | 1.129 |
| 　研究・開発・経理・事務 | 0.032 | -0.014 | 0.006 | -0.031 | 1.114 |
| 　従業員数 | 0.024 | 0.018 | -0.032 | -0.032 | 1.147 |
| 　勤続年数 | -0.052 ** | -0.039 | -0.017 | -0.029 | 1.041 |
| 　一般的信頼 | 0.282 ** | 0.215 ** | 0.201 ** | 0.198 ** | 1.277 |
| 調整済み $R^2$ | 0.375 | 0.187 | 0.171 | 0.154 |  |
| F検定量 | 114.083 ** | 44.397 ** | 39.857 ** | 35.345 ** |  |

※ * : $p<0.05$, ** : $p<0.01$
※値は標準回帰係数

表5.6　組織特性、一般的信頼と知識創造との重回帰分析の結果

|  | 共同化 | 表出化 | 連結化 | 内面化 |
|---|---|---|---|---|
| 信頼関係 | 0.255 ** | 0.094 ** | 0.019 | 0.027 |
| 自由な雰囲気 | 0.096 ** | 0.159 ** | 0.170 ** | 0.177 ** |
| 外部変化への対応 | 0.132 ** | 0.090 ** | 0.157 ** | 0.111 ** |
| 内部競争 | 0.022 | -0.011 | -0.038 | -0.037 |
| 一般的信頼 | 0.280 ** | 0.214 ** | 0.203 ** | 0.202 ** |
| 調整済み $R^2$ | 0.372 | 0.183 | 0.170 | 0.151 |
| F検定量 | 202.444 ** | 77.298 ** | 70.704 ** | 61.586 ** |

※ ** : $p<0.01$
※値は標準回帰係数

　これらの結果をみると、コントロール変数の投入により、信頼関係の標準回

帰係数の値が低下する傾向がみられた。これは、信頼関係には主観的ではあるものの、信頼感に関する項目が含まれており、かつコントロール変数には一般的信頼に関する項目が含まれていることから、一般的信頼が信頼関係と知識創造プロセス、双方に影響を与えた結果、信頼関係と知識創造プロセスとの間に疑似相関が生じた可能性がある。これを確認するために、コントロール変数として一般的信頼のみを投入したモデルを分析した結果（表5.6）、やはり信頼関係の標準回帰係数が大きく低下することが確認された。このことから、信頼関係に関しては一般的信頼の影響を大きく受けているが、その影響を除外しても、信頼関係は共同化と連結化に影響を与えていることが示された。この信頼関係の影響は、橋渡し型の側面のある一般的信頼の影響を除外した結束型の側面の強い信頼関係の影響と解釈することができる。

また、その他のコントロール変数は、組織特性と知識創造との関係に影響を与えていないと考えられる。以下では、すべてのコントロール変数を投入した結果（表5.5）に従って、解釈、考察を進める。

## 4.2 仮説の検証

信頼関係は、共同化、表出化に正の影響を与えているが、特に共同化への影響が非常に強くなっている。このことから、「仮説1：信頼関係は知識創造全体を促進するが、特に共同化を促進する」は、特に共同化に影響を与えるとの意味では支持されたといえる。

自由な雰囲気は、共同化、表出化、連結化、内面化それぞれに正の影響を与えているが、共同化への影響はやや弱くなっている。このことから、「仮説2：組織の自由な雰囲気は、表出化、連結化、内面化を促進する」は、ほぼ支持されたといえる。

外部変化への対応は、共同化、表出化、連結化、内面化それぞれに正の影響を与えているが、表出化と内面化への影響はやや弱くなっている。このことから、「仮説3：外部変化への対応は、表出化、連結化、内面化を促進する」は、ほぼ支持された。ただ、仮説で想定していなかった共同化への影響もみられた。

内部競争は、どの知識創造のプロセスにも影響を与えていないことから、成

果主義などがもたらす競争は、知識創造に対しての効果が期待できず、「仮説4：内部競争は知識創造全体に影響を与えない」は支持されたと考えられる。

## 5. 考察

### 5.1 信頼関係の影響

　信頼関係は、共同化、表出化に正の影響を与えているが、特に共同化への影響が非常に強くなっている。第4章で、社内の関係や対面コミュニケーションが強く共同化を促進することから、結束型のソーシャル・キャピタルが共同化を特に促進すると考察された。本章の結果は、組織がもたらす結束型ソーシャル・キャピタルの風土が、特に暗黙知の移転である共同化を促進している様子を示していることから、結束型のソーシャル・キャピタルが特に共同化で有効であることを裏づけている。

　本章における信頼関係の尺度は、相互援助、信頼感、目的・理念の浸透、職場の和の項目から構成されているが、これらは元来日本企業の特徴とされていた組織特性を含む（e.g., Ouchi, 1981；浜口, 1982）。このような結束型の関係は共同化では非常に効果的ではあるが、一方で、他のプロセスでは共同化ほどの効果をもたらさない。元来の日本型の組織は共同化に対しては有効であるものの、表出化、連結化、内面化に対しては十分な効果をもたらさない可能性があることを示唆している。

### 5.2 自由な雰囲気の影響

　自由な雰囲気は、共同化、表出化、連結化、内面化それぞれに正の影響を与えているが、共同化への影響はやや弱くなっている。自由な雰囲気がもたらす多様な関係の下では、知識の表出、表出された知識の連結、積極的な行動を通しての知識の内面化が促進するが、それらに比べると共同化は促進しない。知識創造や知識共有の活性化として、自由な雰囲気の重要性が取り上げられているが、暗黙知の共有においては大きな効果をもたらさない点には注意が必要で

あり、知識創造全体の活性化を目指すのであれば、自由な雰囲気と信頼関係との組み合わせが不可欠である。

## 5.3 外部変化への対応の影響

　外部変化への対応は、共同化、表出化、連結化、内面化のそれぞれに正の影響を与えている。この結果は、自由な雰囲気の結果も含め、橋渡し型の関係をもたらす組織特性は、知識創造全体を活性化させる傾向があることを示している。ただ、表出化と内面化への影響はやや弱くなっており、特に表出化への影響は、第4章における社外の関係が与える影響に比べても弱い傾向がみられる。このことは、組織の外部変化への姿勢よりも、具体的な外部との関係の方が知識の表出や提供には有効であることを示唆している。

## 5.4 内部競争の影響

　内部での競争は、どの知識創造のプロセスにも影響を与えていないことから、成果主義がもたらす競争は、知識創造に対しての効果が期待できない。このような結果になった理由として、内部競争が報酬を目当てとした知識提供を促した一方で、組織内における自己の地位や強みを守るために知識の隠蔽を引き起こし、両者の影響が相殺されたことが考えられる。有意な影響がみられないことは、内部競争が知識創造に有効に働く場合と、そうでない場合が存在し、内部競争の影響を左右する要因が存在する可能性を示唆しており、今後の検証が期待される。ただし、内部競争の尺度の信頼性が低いことから、異なる尺度を用いての検証も必要である。

　また、内部競争は橋渡し型の関係を築くと考えられたが、同じように橋渡し型の関係を築くと考えられた自由な雰囲気や外部変化とは異なる結果となっている。内部競争の風土の下では、人々は必要に応じて必要な相手と結びつく柔軟な関係を築くと考えられるが、その背後には自己の利益の最大化を目的とした合理的で非情緒的な判断があると考えられる。このことは、表面上は同じような柔軟な関係であっても、その関係の目的によりその関係がもたらす影響が左右される可能性があることを意味している。

## 5.5　結束型と橋渡し型の影響

　以上の結果から、結束型のソーシャル・キャピタルの組織特性は共同化に強い影響を、橋渡し型の組織特性は知識創造全般に一定の影響を与える傾向が明らかにされ、知識創造のどのプロセスを重視するかで必要とされる組織特性が異なることが示された。この結果は、社内関係を結束型、社外関係を橋渡し型として捉えた第4章の結果とほぼ同様の傾向を示しており、第4章の結果をも含め、基本的には結束型は特に共同化に強い影響を、橋渡し型は知識創造全般に一定の影響を与える傾向があると考えられる。ただし、第4章の社外関係や本章の自由な雰囲気の共同化への影響が弱いことから、橋渡し型は共同化に対しては影響が弱くなる可能性がある。

　また、第4章や本章の因子分析の結果では、結束型と橋渡し型の尺度が独立した次元として抽出されている。このことは、結束型と橋渡し型が1つの次元の反対側に位置するものではなく、結束型と橋渡し型が共存しうることを意味している。これらから、たとえば、信頼関係を維持しつつも、自由な雰囲気と外部変化への対応を図りつつ、結束型と橋渡し型の特徴を組み合わせることで、知識創造のすべてのプロセスを活性化させることが可能になると考えられる。

　加えて、本章の結果では、橋渡し型の側面が強い組織特性のうち、自由な雰囲気や外部変化への対応は知識創造の各プロセスを促進するのに対し、内部競争は知識創造を促進しないことが明らかとなった。このことは、同じ柔軟な関係であっても、自己の利益の最大化といった目的の有無で、柔軟な関係がもたらす結果が異なることを示唆している。つまり、表面的な関係の強弱だけではなく、関係の形成の背後にある目的などの何らかの要因により、人間関係の影響が規定される可能性があることを示している。

## 5.6　日本型組織とアメリカ型組織

　一般に、ソーシャル・キャピタルや紐帯の議論において、元来の集団主義的な日本型の組織は強い紐帯の結束型、成果主義的で人材の流動性の高いアメリカ型の組織は弱い紐帯の橋渡し型と解釈される（稲葉, 2007）。そのように解

釈するならば、本章の結果から、日本型組織は特に共同化で大きな効果が期待される一方、アメリカ型組織では知識創造全般で一定の効果が期待されるものの、共同化においては日本企業ほどの効果は期待できないと考えられる。知識創造の視点からみれば、バブルの崩壊後、硬直化した日本企業においては、世の中の変化に柔軟に対応するために、表出化、連結化、内面化が活性化することを期待して、アメリカ型組織の特徴を取り入れたと捉えることができる。その一方で、アメリカ型への傾倒により元来の日本型組織が持っていた強みである共同化の衰退に気づき、再び関係の強化に取り組んでいるのが現状と説明することができる。

また、橋渡し型の特徴の1つである内部競争は知識創造には有効でないため、内部競争に過剰な期待をすべきではないと考えられる。バブル崩壊後にアメリカ型組織の特徴を取り込む際に、外部変化への対応や自由な雰囲気を欠いた形で成果主義に基づいた内部競争のみが導入されたために、元来のアメリカ型組織が持っていた知識創造全般の活性化の効果が得られないケースが生じた可能性もある。

ただ、日本において成功している企業は、双方のソーシャル・キャピタルの特性を有している。たとえば、Nonaka and Takeuchi (1995) らの知識創造の研究では、信頼関係とともに自由な雰囲気を築き、外部変化に対応することを通して知識創造を活性化させている企業が数多く紹介されている。

一方、アメリカの優良企業においても結束型と橋渡し型の共存がみられる。たとえば、Ouchi (1981) は、アメリカ企業と日本企業との比較研究に基づき、成功しているアメリカ企業は、日本企業と同様に「信頼」、「ゆき届いた気配り」、「親密さ」といった特徴を有していることを明らかにし、日本型組織を「Jタイプ」、アメリカ型組織を「Aタイプ」、双方の特徴を有した組織を「Zタイプ」として区別している。また、Collins and Porras (1994) は、アメリカの企業を中心に長期的に存続、成長している企業を検証することを通し、基本的理念の共有による信頼関係と、理念以外の点では積極的に進歩や変化を促すことが重要であると述べており、これらを実現した会社を「ビジョナリーカンパニー」と呼んでいる。上記の理論は、アメリカの優良企業では、柔軟性の高い

多様な関係だけではなく、同質性の高い強固な関係もしっかりと組織に組み込んでおり、結束型と橋渡し型を共存させていることを示している。

## 5.7　適用

　共同化を促進するためには、信頼関係のある組織風土を築きつつも、外部変化を意識したオープンな風土が好ましく、自由な風土を築くことも多少の効果をもたらす可能性がある。これに対し、表出化を促進するためには自由な風土が好ましく、信頼関係やオープンな風土も多少の効果をもたらすと思われる。また、連結化、内面化を促進するには自由でオープンな風土が好ましいと考えられる。ただし、このような組織の風土とともに、一般的信頼の高い人間の存在が重要である。第4章でも述べたように、組織の目的に合わせて組織の風土を築くとともに、一般的信頼の高い人材を確保することが重要と考えられる。

　一方で、知識創造の活性化のために従業員間の競争を煽ることは効果的とはいえない。すでに成果主義などの競争を制度に取り組んでいる企業は、上記のような知識創造を促進する組織風土を築くことにも配慮する必要がある。逆に、アメリカ型の成果主義の導入に対する批判から、元来の日本型への揺り戻しが起こっているが、信頼関係のみを強調した場合、特に連結化や内面化では効果が得られないため注意が必要である。

## 5.8　研究課題

　研究課題として、まず、組織の特性と知識創造との関係の詳細について検討することが期待される。特に自律性に関しては、先行研究で、自己効力感の変数が加わったときに、知識共有への影響がみられなくなるとの結果がみられ、組織特性と知識共有との関係を、自己効力感など何らかの変数が媒介している可能性が指摘されており（Cabrera et al., 2006; Welschen et al., 2012）、今後、それらの変数を明らかにすることが期待される。

　また、知識提供の動機についての検討も必要と考えられる。内部競争は知識提供に影響を与えなかったが、その理由として、競争が報酬目当ての知識提供と自己防衛のための知識の隠蔽を引き起こし、両者の影響が相殺されたことが

考えられる。第3章で概観したように、知識提供動機に関する研究では、報酬目当ての外発的動機よりも、達成感や関心に基づいた内発的動機の方が知識共有にプラスに働く傾向が確認されていることから、組織特性、動機、知識共有の関係を明らかにすることが期待される。

## 6. おわりに

本章では、ソーシャル・キャピタルに関する組織特性と知識創造の各プロセスとの関係について検討することを目的とし、組織の信頼関係、自由な雰囲気、外部変化への対応、内部競争が、共同化、表出化、連結化、内面化に与える影響について分析した。そして、以下の結果が得られた。

1）信頼関係は共同化と表出化を促進するが、特に共同化に与える影響が大きい。
2）自由な雰囲気は知識創造の各プロセスを促進するが、共同化への影響は弱い。
3）外部変化への対応は知識創造の各プロセスを促進するが、表出化と内面化への影響は弱い。
4）内部競争は知識創造の各プロセスに影響しない。

以上の結果は、第4章と同様に、知識創造のどのプロセスを重視するかで必要とされる組織特性が異なることを示しており、プロセスに応じて組織の環境を整える必要があることも示している。特に、共同化を促進するためには、信頼関係のある組織風土を築きつつも、外部変化を意識したオープンな風土が好ましいと考えられる。これに対し、表出化を促進するためには、自由な風土、連結化、内面化を促進するには自由でオープンな風土が好ましいと考えられる。

# 第6章
# 仕事と私生活の人間関係と顧客志向の知識提供

## 1. はじめに

　第3章で概観したように、企業内における知識共有の促進要因について数多くの研究が進められている。特に近年は、市場の成熟に伴う顧客獲得競争の激化、ソーシャル・メディアの普及によるクチコミに代表される顧客が持つ知識の流通、度重なる企業不祥事に対する企業の社会的責任の重視などを背景に、企業は顧客や取引先の多様なニーズに応えることが求められている。そのために、企業は社外の顧客や取引先とネットワークを築くとともに、それらのネットワークを介して顧客や取引先にとって有益な顧客志向の知識を獲得し、それらを社内に流していくことを通して、顧客や取引先に有益な製品やサービスを提供する必要に直面している。

　このような時流の中、企業の従業員が持つ人間関係が、社内における顧客志向の知識の提供行動に与える影響を明らかにすることが期待される。第4章では、従業員の持つ社内／社外の人間関係や対面／電子コミュニケーションに基づいて、ソーシャル・キャピタルが知識創造に与える影響について検討したものの、顧客や取引先に有益な知識の提供には注目してはおらず、また対象となる人間関係は仕事関連の関係に限定されている。

　しかし、第2章で述べたように、ソーシャル・キャピタルの枠組みを用いるメリットとして、職場外の人間関係も考慮できる点が挙げられた。また、第3章で述べたように、私生活における人間関係が職場に、より多様な情報をもたらす可能性がある。たとえば、多様な人材の活用に注目したダイバシティ・マネジメントの議論においては、異なるバックグラウンドを持った多様な人材が

社内に存在することで、組織の創造性が高まるという意見がみられる（白石,
2010; 谷口, 2005）。また、近年、仕事と私生活とのバランスに配慮するワーク・
ライフ・バランスの重要性が叫ばれているが、仕事とは直接関係しない家庭に
おける経験が仕事にポジティブな影響をもたらす可能性が指摘されている（e.g.,
Greenhaus and Powell, 2006; 森下, 2006）。

　これらの議論から、私生活における多様な人間関係を持つ人材や、その人間
関係での経験を通して、社内では得られない経験や知識を獲得した人材が社内
に存在することで、多様な知識の共有が促進する可能性が考えられる。特に、
仕事外の私生活の人間関係を介して、仕事関連の人間関係では得られにくい、
顧客志向の多様な視点、価値観、知識が獲得され、またそれらが組織内に提供
される可能性がある。

　そこで、本章では、企業内で顧客や取引先にとって有益な顧客志向の知識を
提供する状況を想定し、第4章で扱った仕事関連の人間関係とともに、仕事外
の私生活における人間関係が顧客志向の知識の提供行動に与える影響を明らか
にすることを目的とし、アンケート調査で得られたデータを分析する。

## 2. 研究背景

### 2.1 仕事関連の人間関係と知識共有

　第4章では、先行研究に従って設定した仮説に基づき、ソーシャル・キャピ
タルと知識共有との関係について分析した。その結果、言葉では表現しにくい
暗黙知の共有には結束型の側面が強い社内の人間関係が有効であるのに対し、
言葉で表現できる形式知の提供、獲得、連結には社内の関係とともに、橋渡し
型の側面が強い仕事関連の社外の関係が有効であることが明らかにされた。こ
のことはまた、本章で注目している顧客志向の知識が、仕事関連の社外との人
間関係を介して組織内に流入するとともに、その知識が提供されることを通し
て、社内の人間関係上で知識が流通する可能性も示唆している。

　しかし、第4章で用いた関係や、その仮説の元となった先行研究は、仕事関

連のソーシャル・キャピタルのみに注目している（e.g., Cross and Cummings, 2004; Reagans and McEvily, 2003）。知識創造以外の分野でも、ソーシャル・キャピタル、ネットワーク、人間関係がイノベーションや組織のパフォーマンスに与える影響に関する研究においては、ほとんどが仕事関連の人間関係を中心に扱っているに過ぎない（e.g., 一条・徳岡, 2007; 石田, 2009）。

## 2.2　私生活の人間関係と知識共有

### (1) ダイバシティ・マネジメント

仕事と私生活との関係を考える広い枠組みとしては、多様な人材の活用に注目した「ダイバシティ・マネジメント」の議論が挙げられる。

谷口（2005）は、数多くのダイバシティ・マネジメントの先行研究に基づき、ダイバシティ・マネジメントを「多様な人材を組織に組み込み、パワーバランスを変え、戦略的に組織変革を行なうこと」（p.266）と定義し、その目的は組織のパフォーマンスの向上にあると述べている。谷口は、このダイバシティ・マネジメントがアメリカで注目されるようになった背景として、女性の社会参加意識の高まりに伴う女性雇用の必要性、多民族化が進む中での人種の枠を超えた雇用の必要性、消費者のニーズの多様化に伴う多様な視点の必要性に企業が直面したことを挙げ、企業はこれらの必要性に対応するために、戦略的に多様な人材の活用に取り組むようになったと説明している。またダイバシティには、性別、人種などに基づく表層的なダイバシティと、パーソナリティ、価値、態度などに基づく深層的なダイバシティがあると述べている。そして、ダイバシティがパフォーマンスを向上させる理由として、多様な構成員がもたらす組織外のネットワークや、スキル、情報、知識を挙げている。

組織における構成員の多様性の影響に関しては、海外で多くの研究が積み重ねられているが、Williams and O'Reilly（1998）は40年間の関連研究をレビューしている。その中で、職歴の多様性は組織に情報の多様性をもたらすことにより、組織の創造性を向上させることなどを明らかにしているが、このことは、多様な背景を持った従業員の存在が知識の流通に効果をもたらす可能性を示唆している。

このようなダイバシティ・マネジメントに関する議論は、従業員が仕事や仕事以外での様々な経験を通して獲得した人間関係や知識が、組織の創造性を刺激する可能性を示している。

## (2) ワーク・ライフ・バランス

長時間労働が長年、日本における労働環境の特徴であったが、近年では、日本でも仕事と私生活の両立施策である「ワーク・ライフ・バランス」が注目されつつある。ワーク・ライフ・バランスの狙いとして、育児しやすい環境の整備に基づく女性の職場参加の促進や、従業員のモチベーションや定着率の向上などが挙げられている（佐藤・武石, 2008）。

松原・脇坂（2005a, 2005b, 2006）は、アメリカとイギリスのワーク・ライフ・バランス制度と企業のパフォーマンスとの関係を検討した研究をレビューしたが、概ね、ワーク・ライフ・バランス制度は、従業員の定着率やモチベーション、企業の製品品質や財務状況などにポジティブな影響を与えていることを明らかにしている。このようなポジティブな影響を与える理由として、会社に大切にされているという認識、従業員の定着率の向上、職場における業務改善などが従業員の意欲を向上させることが挙げられている。また、佐藤・武石（2008）は、日本企業の従業員に対して調査を実施したが、ワーク・ライフ・バランス制度の導入が女性従業員の定着率の向上や、従業員のモチベーション向上につながることを明らかにしている。

ただ、従業員が仕事と私生活の間で板挟みになる問題も指摘されており、このような問題は、主に仕事と家庭との葛藤に関する「ワーク・ファミリー・コンフリクト」の研究で議論がなされてきた（e.g., 加藤, 2010）。近年では、仕事と家庭のポジティブな相乗効果に注目した、「ワーク・ファミリー・エンリッチメント」（e.g., Greenhaus and Powell, 2006）や、「ワーク・ライフ・ファシリテーション」（e.g., Wayne et al., 2004）などの研究がみられる。たとえば、Balmforth and Gardner（2006）は、ニュージーランド企業の従業員に対し調査を行ない、家庭から仕事へポジティブな影響を認識している人は、仕事への満足度や情緒的コミットメントが高いことを明らかにしている。ワーク・ライ

フ・バランスの議論では、女性の社会参加の視点から女性に焦点が当てられがちであるが、男性に焦点を当て、育児の経験が仕事などに対する意識の変化に与える影響について検討した研究もみられる。たとえば、森下（2006）は、3～5才の子どもの父親を対象に調査を行ない、育児の経験が仕事における責任感や冷静さ、視野の拡大などにプラスの影響を与えると報告している。

これらの研究は、ワーク・ライフ・バランスや家庭との良好な接点、さらには、育児経験などが仕事のパフォーマンスに影響を与える可能性があることを示しているが、主にワーク・ライフ・バランスがもたらすモチベーションの向上や、家庭における経験を通しての意識の変化がパフォーマンスに影響すると考えられている。

### (3) 私生活の人間関係の影響

上記のようなダイバシティ・マネジメントやワーク・ライフ・バランスの議論に基づくならば、家庭などの私生活において多様な関係や経験を持った人材を支援する制度が整っていることや、そのような人材が社内に存在することが知識の流通に影響を与える可能性を示唆している。白石（2010）は、ワーク・ライフ・バランスなどの施策によるダイバシティ・マネジメントの実施により、多様な視点や知識を持つ従業員が増えることで、知識の触発が生じる可能性を指摘している。

以上の議論や先行研究から、私生活の人間関係が多様になることで、私生活における経験や関係を通して得た知識が、仕事、そして知識共有に何らかの影響を与えることが予測される。特に、私生活の人間関係を通して、一消費者である友人知人や家族が持つ知識、社外の視点に立った客観的な価値観などが伝達される可能性があり、顧客志向の知識の共有において、私生活の人間関係が果たしている役割を明らかにすることが期待される。

## 3. 研究仮説とリサーチ・クエスチョン

### 3.1 研究仮説

　上述のように、私生活の人間関係が顧客志向の知識の共有に影響を与えている可能性があるものの、それらの関係を直接取り扱った研究はみられない。そのため、関連する研究や議論から研究仮説の提案を試みる。先述の通り、顧客志向の知識は、仕事関連の社外との人間関係を介して組織内に流入するとともに、その知識が社内の人間関係上で流通すると考えられる。さらに、友人や家族などの私生活の人間関係では、仕事関連の関係には流れにくい、一般消費者や一般市民の目線からの知識が流通していると考えられ、それらの人間関係が豊富な従業員は、それらの関係を介して顧客志向の知識を獲得し、社内に提供していくと考えられる。これらから、以下の仮説が提案される。

**仮説1**：仕事関連の社内の人間関係が、顧客志向の知識提供を促進する。
**仮説2**：仕事関連の社外の人間関係が、顧客志向の知識提供を促進する。
**仮説3**：私生活の人間関係が、顧客志向の知識提供を促進する。

### 3.2 リサーチ・クエスチョン

　つぎに、上記の人間関係の影響を左右する調整変数が存在することが考えられる。ワーク・ライフ・バランスや女性の社会参加が注目されている背景には、男女で職場や家庭における役割が異なるという現状があり、仕事や私生活の人間関係がもたらす影響が男女で異なる可能性がある。また、職種によっても、社内と社外との関係の量に差があることから、職種による差異が存在すると考えられる。

　さらに本章では、特に顧客志向の知識の提供を想定しているが、顧客、取引先、社会などの社外への貢献に対する企業や個人の姿勢が影響を与える可能性

がある。社会心理学の集団意思決定の議論では、周囲の圧力が個人の意思決定を左右することが明らかにされている（e.g., 本間, 2011）。また、知識共有の研究では、他者からの評価懸念が知識提供を抑制することが明らかにされている（Bordia et al., 2006）。そのため、企業が社外への貢献の姿勢を有していない場合、従業員が人間関係を通して顧客志向の知識を獲得したとしても、社外への貢献を重視しない周囲の圧力を感じ取ることで、その知識を提供することを控える可能性がある。その一方で、個人の社外への貢献姿勢が強い場合、周囲の圧力の有無に関係なく、自身が獲得した顧客志向の知識の価値を重視し、知識を提供していくことが想定される。

以上から、性別、職種、企業や個人の社外貢献姿勢が人間関係と知識提供との関係を調整することが考えられるが、先行研究が乏しいことから明確な仮説を立てることは困難であるため、以下のリサーチ・クエスチョン（RQ）を設定する。

RQ：性別、職種、企業や個人の社外貢献姿勢が、仕事や私生活の人間関係と顧客志向の知識提供との関係を調整するのか。

## 4. 研究方法

### 4.1 調査方法

上記の仮説及びリサーチ・クエスチョンを検証・検討するために、アンケート調査を通して得られたデータを分析する。アンケート調査はネットリサーチ業者に依頼し、調査はweb上で2010年2月に、第4章で用いたデータの調査と同様に、2段階で実施し、従業員数10人以上の株式会社の正社員であり、かつ高度な知識が必要と思われる職務に就いているモニターから回収された2,000人分のデータを分析に用いた。回答者の内訳を表6.1に示すが、属性においては男性、30代、40代が多く、回答者が働く企業の業種は、製造業や、ソフ

表6.1 回答者の内訳

| 業種 | 人数 | % | 職種 | 人数 | % |
| --- | --- | --- | --- | --- | --- |
| 製造業（企業向け） | 592 | 29.6 | 営業・販売 | 404 | 20.2 |
| 製造業（消費者向け） | 306 | 15.3 | 研究・開発・技術 | 847 | 42.4 |
| 卸売業（企業向け） | 59 | 3.0 | 総務・人事 | 74 | 3.7 |
| 卸売業（消費者向け） | 23 | 1.2 | 財務・経理 | 28 | 1.4 |
| 卸売業（総合商社・各種商品） | 47 | 2.4 | 企画・マーケティング | 139 | 7.0 |
| 小売業 | 72 | 3.6 | 広告・デザイン | 34 | 1.7 |
| ソフトウェア・情報処理業 | 328 | 16.4 | 事務職 | 92 | 4.6 |
| サービス業（企業向け） | 182 | 9.1 | 管理職 | 245 | 12.3 |
| サービス業（消費者向け） | 210 | 10.5 | 会社経営・役員 | 53 | 2.7 |
| その他 | 181 | 9.1 | その他 | 84 | 4.2 |
| **従業員数** | | | **勤続年数** | | |
| 10～49人 | 274 | 13.7 | 1年未満 | 64 | 3.2 |
| 50～99人 | 173 | 8.7 | 1年～3年未満 | 178 | 8.9 |
| 100～299人 | 308 | 15.4 | 3年～5年未満 | 203 | 10.2 |
| 300～999人 | 334 | 16.7 | 5年～10年未満 | 381 | 19.1 |
| 1,000～4,999人 | 436 | 21.8 | 10年～15年未満 | 382 | 19.1 |
| 5,000～9,999人 | 180 | 9.0 | 15年以上 | 792 | 39.6 |
| 1万人以上 | 295 | 14.8 | **性別** | | |
| **年齢** | | | 男性 | 1,789 | 89.5 |
| 20代 | 178 | 8.9 | 女性 | 211 | 10.6 |
| 30代 | 782 | 39.1 | | | |
| 40代 | 787 | 39.4 | | | |
| 50代 | 253 | 12.7 | **合計** | 2,000 | 100.0 |

トウェア・情報処理業、職種は、営業・販売や研究・開発・技術職が多くなっている（表6.1）。

## 4.2 尺度

分析には、個人の人間関係と職場における顧客志向の知識の提供に関する質問を用いる（表6.2）。各質問の選択肢は、「そう思う（5点）」から「そう思わ

### 表6.2　質問項目

| | |
|---|---|
| **仕事関連の人間関係**<br>あなたの職場での人間関係についてお答えください<br>**仕事社内**<br>①会社には信頼できる人が多い<br>②会社には仕事の情報交換ができる人が多い<br>③会社には仕事以外の話ができる人が多い<br>**仕事社外**<br>①会社の外に仕事関係でやりとりのある信頼できる人が多い<br>②会社の外に仕事関係でやりとりのある仕事の情報交換ができる人が多い<br>③会社の外に仕事関係でやりとりのある仕事以外の話ができる人が多い<br><br>**私生活の人間関係**<br>あなたの私生活の人間関係についてお答えください<br>**友人知人**<br>①私生活で信頼できる友人・知人が多い<br>②私生活で仕事関連の話ができる友人・知人が多い<br>③私生活で仕事以外の話ができる友人・知人が多い | **家族**<br>①家族とのコミュニケーションは活発である<br>②家族との関係は良好である<br>③家族とは自分の仕事の話をする<br><br>**顧客志向の知識提供**<br>あなたが職場で意見やアイデアを提案するときの行動についてお答えください<br>①取引先や顧客の利益につながることは提案する<br><br>**企業の社外貢献姿勢**<br>あなたの職場や会社の様子についてお答えください<br>①会社は社会に貢献している<br>②会社は取引先や顧客に貢献している<br>③会社が社会に果たしている役割を誇ることができる<br>④会社は取引先や顧客の利益を重視している<br><br>**個人の社外貢献姿勢**<br>あなたの仕事に対する姿勢についてお答えください<br>①取引先や顧客のために働いている<br>②社会に貢献するために働いている |

ない（1点）」の5段階のリッカートスケールである。

　個人の人間関係については、因子分析（最尤法、バリマックス回転）を行ない、得られた因子に従い尺度を構成し、その信頼性をクロンバックの $\alpha$ 係数で検証する。個人の人間関係に関しては、第4章の社内と社外の人間関係の項目を元に仕事関連の社内と社外の項目を準備し、また私生活の人間関係に関しては友人知人や家族との人間関係の質問項目を準備した。第4章では、仕事にお

表6.3　因子分析の結果

|  | 第1因子 | 第2因子 | 第3因子 | 第4因子 |
| --- | --- | --- | --- | --- |
| 仕事社内① | 0.108 | 0.094 | *0.788* | 0.112 |
| 仕事社内② | 0.115 | 0.083 | *0.716* | 0.110 |
| 仕事社内③ | 0.178 | 0.181 | *0.680* | 0.094 |
| 仕事社外① | *0.828* | 0.201 | 0.204 | 0.055 |
| 仕事社外② | *0.904* | 0.176 | 0.141 | 0.050 |
| 仕事社外③ | *0.738* | 0.300 | 0.130 | 0.058 |
| 友人知人① | 0.213 | *0.885* | 0.150 | 0.148 |
| 友人知人② | 0.270 | *0.682* | 0.152 | 0.109 |
| 友人知人③ | 0.189 | *0.843* | 0.117 | 0.141 |
| 家族① | 0.042 | 0.121 | 0.085 | *0.859* |
| 家族② | -0.006 | 0.056 | 0.093 | *0.830* |
| 家族③ | 0.077 | 0.116 | 0.103 | *0.479* |
| 寄与率 | 18.89 | 18.33 | 14.66 | 14.60 |

※手法は最尤法、バリマックス回転
※値は因子行列、斜体は値が0.4以上のものを示す

表6.4　尺度の信頼性

| 尺度 | クロンバックのα係数 |
| --- | --- |
| 仕事社内 | 0.799 |
| 仕事社外 | 0.901 |
| 友人知人 | 0.889 |
| 家族 | 0.753 |
| 企業の社外貢献姿勢 | 0.869 |
| 個人の社外貢献姿勢 | 0.702 |

ける社内及び社外の人間関係を、信頼、親密さ、接触頻度などによって測定し、因子分析を通して人間関係の分類を試みたが、社外と社内の人間関係は弁別さ

れたものの、人間関係の内容は弁別されなかった。そこで今回の調査では、それらを簡素化した仕事関連の社内と社外の人間関係における信頼、親密さ、情報交換について尋ねた項目を準備し、また友人知人との関係も仕事関連の項目と同様の項目を準備した。家族との関係も仕事関連の項目を参考に、家族との関係の量や質、仕事に関する会話の量について尋ねた項目を準備した。

これらの項目に対して因子分析を施した結果、想定通りの因子が抽出された（表6.3）。得られた因子に従って尺度を構成した場合の信頼性をクロンバックの$\alpha$係数で検証したが、いずれの尺度も高い信頼性が確認されたことから（表6.4）、個人の人間関係の尺度をこれらの因子に従って構築し、これらの尺度を「仕事社内関係」、「仕事社外関係」、「友人知人関係」、「家族関係」と呼ぶこととする。

顧客志向の知識の提供に関しては、「あなたが職場で意見やアイデアを提案するときの行動についてお答えください」との説明文に続き、「取引先や顧客の利益につながることは提案する」との質問について5段階で回答してもらった項目を用いる。

企業の社外貢献姿勢については、企業の顧客、取引先、社会への貢献に関する4項目を用いる。また個人の社外貢献姿勢については、個人の顧客、取引先、社会のために働く姿勢に関する2項目を用いる。それぞれの信頼性は、クロンバックの$\alpha$係数で確認した（表6.4）。

## 4.3 分析方法

分析には、説明変数として個人の人間関係の尺度を、目的変数として有益な知識の提供の項目を用いて重回帰分析を行ない、また調整変数の影響を検討するために層別に重回帰分析を行なう。層別の分析では、職種においては、回答数が多く、かつ外勤／内勤の違いがあると考えられる「営業・販売」と「研究・開発・技術」を分析対象とする。企業の社外貢献姿勢は上位1/3（706人）と下位1/3（653人）を抽出して比較し、個人の社外貢献姿勢も同様に、上位1/3（731人）と下位1/3（768人）を抽出して比較する。

# 5. 分析結果

## 5.1 仮説の検証

　全サンプルの重回帰分析の結果を表6.5に示す。分析の結果、仕事社内関係、仕事社外関係、家族関係が顧客志向の知識提供行動に有意な正の影響を与えており、仕事社外関係の影響が最も大きくなっている。一方で、友人知人関係は有意な影響がみられない。以上から、「仮説1：仕事関連の社内の人間関係が、顧客志向の知識提供を促進する」と、「仮説2：仕事関連の社外の人間関係が、顧客志向の知識提供を促進する」は支持された。これに対し、「仮説3：私生活の人間関係が、顧客志向の知識提供を促進する」に関しては、私生活の人間関係のうち、家族関係についてのみ支持された。

表6.5　人間関係と顧客志向の知識提供との重回帰分析の結果

| | | |
|---|---|---|
| 仕事社内 | 0.086 | ** |
| 仕事社外 | 0.163 | ** |
| 友人知人 | 0.014 | |
| 家族 | 0.112 | ** |
| 調整済み $R^2$ | 0.068 | |
| F値 | 37.211 | ** |

※**：$p<0.01$
※値は標準回帰係数

## 5.2　層別分析

　リサーチ・クエスチョンとして設定した「性別、職種、企業や個人の社外貢献姿勢が、仕事や私生活の人間関係と顧客志向の知識提供との関係を調整するのか」を検討するために、層別に重回帰分析を行なった結果を表6.6に示す。

表6.6 層別の重回帰分析の結果

| | 性別 | | | 職種 | | |
|---|---|---|---|---|---|---|
| | 男性 (n=1789) | 女性 (n=211) | 回帰係数の差の検定(Z値) | 営業・販売 (n=404) | 研究・開発・技術(n=847) | 回帰係数の差の検定(Z値) |
| 仕事社内 | 0.103 ** | -0.069 | 2.261 * | 0.063 | 0.085 * | 0.351 |
| 仕事社外 | 0.158 ** | 0.257 ** | 0.960 | 0.252 ** | 0.128 ** | 1.980 * |
| 友人知人 | -0.001 | 0.112 | 1.424 | -0.049 | 0.013 | 0.905 |
| 家族 | 0.114 ** | 0.061 | 0.911 | 0.131 ** | 0.092 ** | 0.531 |
| 調整済みR$^2$ | 0.067 | 0.079 | | 0.086 | 0.045 | |
| F値 | 33.291 ** | 5.515 ** | | 10.498 ** | 11.057 ** | |

| | 企業社会貢献 | | | 個人社会貢献 | | |
|---|---|---|---|---|---|---|
| | 高 (n=706) | 低 (n=653) | 回帰係数の差の検定(Z値) | 高 (n=731) | 低 (n=768) | 回帰係数の差の検定(Z値) |
| 仕事社内 | 0.082 * | -0.023 | 1.795 | 0.038 | 0.119 ** | 1.818 |
| 仕事社外 | 0.140 ** | 0.186 ** | 1.204 | 0.107 * | 0.142 ** | 1.134 |
| 友人知人 | 0.004 | -0.058 | 1.060 | 0.046 | -0.018 | 1.016 |
| 家族 | 0.139 ** | 0.096 * | 0.499 | 0.163 ** | 0.065 | 1.460 |
| 調整済みR$^2$ | 0.063 | 0.030 | | 0.063 | 0.046 | |
| F値 | 12.829 ** | 5.975 ** | | 12.275 ** | 10.323 ** | |

※ * : $p<0.05$, ** : $p<0.01$
※値は標準回帰係数

### (1) 性別

男性では仕事社内、仕事社外、家族が有意な正の影響を与えており、女性では仕事社外が正の影響を与えている。回帰係数の差を男女で検定した結果、特に、男性で仕事社内の影響が有意に強い傾向がみられる。

### (2) 職種別

営業・販売では仕事社外と家族が、研究・開発・技術では仕事社内、仕事社外、家族が有意な正の影響を与えている。回帰係数の差の検定から、特に営業・販売で仕事社外の影響が有意に強い傾向がみられる。

### (3) 企業の社外貢献姿勢

社外に貢献する姿勢を持つ企業に所属している従業員では、仕事社内、仕事社外、家族が有意な正の影響を与えている。これに対し、貢献姿勢を持たない企業に所属している従業員では、仕事社外と家族が有意な正の影響を与えている。回帰係数の比較では有意な差はみられないが、有意水準10％（Z値＝1.64）で判断した場合には、弱いながらも企業の社外貢献姿勢が高まると、仕事社内の影響が強くなる傾向がみられる。

### (4) 個人の社外貢献姿勢

社外に貢献する姿勢を持つ従業員では、仕事社外と家族が有意な正の影響を与えている。これに対し、貢献姿勢を持たない従業員では、仕事社内、仕事社外が有意な正の影響を与えている。回帰係数の比較では有意な差はみられないが、有意水準10％で判断した場合には、弱いながらも個人の社外貢献姿勢が高まると、仕事社内の影響が弱くなる傾向がみられる。

## 6. 考察

### 6.1 仕事関連の人間関係と私生活の人間関係

分析の結果、仕事関連の社外の人間関係が、顧客・取引先に有益な知識の提供へ最も大きな影響を与えていた。このことは仕事関連の社外の関係、つまり、顧客や取引先との関係が多い従業員の下に、顧客志向の知識が流入し、その従業員が社内に対して、それらの知識を提供していることを意味し、顧客との人間関係は顧客の知識を組織内に伝達する役割を果たしていることを示している。これに対し、社内の人間関係の影響は小さいことから、顧客に有益な知識は顧客と関係を築いている従業員経由で間接的にもたらされる可能性があるものの、顧客との関係から直接もたらされる知識の量に比べると少ないと考えられる。

私生活の人間関係に関しては、家族との関係の影響が強いものの、友人知人

との関係の影響はみられない。家族との関係を通して仕事目線とは異なる一般消費者や一般市民の視点の知識を獲得し、その知識に基づき顧客目線の知識を企業内に提供することにつながった可能性が考えられる。しかし、この理由に立つのであれば、友人知人との関係を通しても顧客目線の知識を獲得できると考えることができる。そのため、家族との関係は友人知人との関係と異なり、単なる顧客目線の知識を伝達するだけではなく、知識提供を促進する何らかの動機づけ要因を有しているとも考えられる。

　Greenhaus and Powell (2006) は、個人の家庭における経験が能力の向上や視点の変化を通して仕事に影響を与えるとともに、家庭でのポジティブな感情が仕事に影響を与える可能性を指摘している。本章における家族との人間関係は家族との良好なコミュニケーションを測定しているため、そのような良好なコミュニケーションが企業内での行動に何らかの影響を与えた可能性がある。また、森下 (2006) は、父親を対象とした調査から、育児の経験が仕事における責任感や冷静さ、視野の拡大などにプラスの影響を与えることを明らかにしている。このことから、家族との良好な関係に基づく経験を通して、顧客などへ貢献する想いを高めることにつながった可能性もある。引き続き、家族との人間関係が知識を伝達する役割を果たしているのか、知識提供を後押しする役割を果たしているのかを検討する必要がある。

## 6.2　性別

　男女で比較した場合、特に、男性で仕事社内の関係の影響が強い傾向がみられたが、家族の影響には大きな差がみられなかった。一般に、女性が家庭にコミットすることが多い日本の社会において、女性を雇用することで、男性とは異なる家庭目線に立った知識の獲得が期待される傾向があった。しかし、本章の分析では、家族との人間関係の影響については男女で大差がないことから、家族と良好なコミュニケーションを持っている従業員は、男女に限らず家庭における経験に基づいた顧客志向の知識を企業にもたらす可能性がある。

　また、男性で仕事社内の影響が強い傾向がみられた。男性で仕事社内の影響が強くなる理由は定かではないものの、男性ならではの労働環境や心理的特性

などが考えられ、今後、その理由を明らかにすることが期待される。

## 6.3　職種

　特に、営業・販売が研究・開発・技術に比べて、仕事社外が強い影響を与えている傾向がみられた。営業・販売は、仕事において顧客や取引先との接点を通してニーズを耳にすることが多いことから、自然と顧客志向の知識の提供が活発になると考えられる。ただ、研究・開発・技術においても仕事社外が一定の影響を与えていることから、これらの職種でも顧客や取引先との接点を持つことで顧客のニーズに合った製品の開発につながる可能性がある。また、特徴の異なる両職種において家族との関係が知識提供を促進しており、家族との接点は職種に関係なく、知識共有に影響を与えている可能性がある。

## 6.4　企業の社外貢献姿勢

　企業の社外貢献姿勢の影響についても検討したが、これは社外貢献の価値観が企業内で共有されている状況であり、第1章で述べたところのメンタル・モデルが企業内で共有され、従業員間で社外貢献の共通基盤が築かれた状況といえる。

　分析では、企業の社外貢献姿勢が高まると、仕事社内の影響が強くなる傾向が弱いながらもみられた。この理由として、顧客などの社外に貢献する姿勢を持つ企業では、組織内に顧客目線の知識が流通しているために、社内の人間関係を通して、そのような知識を獲得し、また提供していることが考えられる。もう1つの理由として、社外に貢献しない企業では、顧客志向の知識の重要性が行き渡っておらず、社内の人間関係が顧客志向の知識の提供を抑制する圧力として働くことが考えられる。

　本章で取り上げた仕事関連の社内の人間関係は、仕事関連の社外の関係や私生活の関係に比べると、企業内部からみた場合、接触の機会が多く同質性の高いネットワークであり、結束型のソーシャル・キャピタルの側面が強いが、この結束型の特徴として、一体感や価値観の共有といったメリットとともに、同質化、硬直化、排他性といったデメリットが挙げられる。本章の結果は、社内

に社外貢献の価値観が浸透して共通基盤が築かれている場合、社内の関係を通して顧客目線の知識が流通するのに対し、社外貢献の価値観が浸透していない場合には、社内の関係は顧客志向の知識の提供、そして流通を抑制し、排他性を高めてしまう可能性を示唆している。

このことはさらに、結束型のソーシャル・キャピタルに基づく集団において、事前に外部への貢献の価値観が共有されている場合に、その集団が外部に貢献するように有効に機能する可能性を示唆している。ソーシャル・キャピタルやネットワークの議論においては、その構造や関係の強さの影響は議論されるが、そのネットワークで共有されている価値観がネットワークの効果に与える影響については議論されていない。今後、ネットワークの効果を議論する上で、そこで共有されている価値観の影響を考慮する必要があると考えられる。

## 6.5 個人の社外貢献姿勢

個人の社外貢献姿勢の影響についても検討したが、これは個人の価値観であり、一種のメンタル・モデルといえる。そして、この個人の社外貢献意識が低いときに、弱いながらも仕事関連の社内の人間関係が顧客志向の知識の提供を促進する傾向がみられた。顧客などへの貢献意識の低い従業員は、社内の人々との親しい関係を、知識を提供する圧力として認識するために、知識を提供するのに対し、貢献意識の高い従業員は、社内の人間関係に関係なく、自発的に顧客志向の知識を提供する可能性がある。結束型のソーシャル・キャピタルは社会制裁を伴う規範が備わっており（Coleman, 1988）、また特定の互酬性が働きやすいことが指摘されている（Putnam, 2000）。社内における相互の互酬性や制裁を伴う規範が、顧客への貢献意識の低い従業員に対して知識提供の圧力となり、知識提供行動を促しているとも考えられる。つまり、この状況における人間関係は知識伝播の役割よりも、知識提供促進の役割を果たしている可能性がある。

## 6.6 適用

仕事関連の社内、社外の人間関係が顧客に有益な知識の提供を促進していることが明らかにされたが、第4章と同様に、知識提供に対する仕事関連の人間

関係の重要性を示している。

　本章の独自の結果として、家族との人間関係が顧客志向の知識提供を促進していることが挙げられ、この結果は、企業が顧客志向の製品やサービスを提供していく上で、仕事とは直接関係のない家族との関係が重要であることを示唆している。企業の知識創造やイノベーションの議論では、創造性の活性化には多様性が必要であり、多様性を促進するために取引先や顧客との交流、異業種交流、地域コミュニティへの参加などが必要だと述べられているものの、家族とのコミュニケーションの必要性については触れられていなかった（e.g., 一条・徳岡, 2007; Nonaka and Takeuchi, 1995）。しかし、本章の結果は、家族とのコミュニケーションが無視できないことを示している。近年、仕事と私生活や家庭との両立、また女性の社会参加、さらには男性の育児参加のためにワーク・ライフ・バランスの必要性が叫ばれているものの、多くの企業が、従業員が家庭に関わることに対するメリットを把握できず、ワーク・ライフ・バランスを積極的に導入することを躊躇しているのが現状である。本章の結果は、従業員が家庭に関わることが、特に、顧客志向の知識を組織内に流通させる上で効果があり、顧客目線の製品開発やサービス提供を考えている企業にとって、ワーク・ライフ・バランスが企業戦略としても有効である可能性を示している。

　また、本章の結果は、企業や個人の社外への貢献姿勢が、人間関係から知識提供への影響を左右する可能性を示している。特に社内の人間関係は、社外貢献をしている企業や、社外貢意識の低い従業員で有効に機能する傾向がみられた。近年、改めて日本的経営における従業員の密接な関係の重要性が指摘され、社内の関係の強化に取り組む企業がみられる（e.g., 原, 2009）。本章の結果から、顧客志向の知識を流通させる場合、企業が社外への貢献を重視し、そのような価値観が浸透している場合には、社内の人間関係は有効に働くものの、そのような価値観が浸透していない場合には、社内の人間関係は期待ほどの効果をもたらさない可能性がある。一方、個人が社外へ貢献する意志がない場合には、社内の関係を強化することで、密接な関係が監視的役割を果たし、その結果、顧客志向の知識提供を促すことにつながる可能性がある。これらの組み合わせから、特に社外貢献の価値観が浸透している組織において、貢献する姿勢

の乏しい従業員に対して社内の関係を強化することが、顧客志向の知識提供を促す有効な手段になると考えられる。

## 6.7 研究課題

1つ目の課題として、尺度の問題が挙げられる。本章では、個人が人間関係を介して獲得した知識を提供するとの因果関係を想定しているが、アンケートでは人間関係の量と知識提供行動を測定しているのみであり、従業員が人間関係を介して伝達された知識を獲得し、その知識を提供しているのか、人間関係が従業員の知識提供行動を促進する間接的な役割を果たしているのかは明らかではない。特に、家族との人間関係が知識提供に影響を与えているとの興味深い結果が得られたが、同様に家族との関係が知識伝達の役割を果たしているのか、それとも知識提供行動の促進要因になっているのかは明らかではない。また、知識伝達の役割を果たしているとしても、仕事関連の人間関係と同様の知識を伝達しているのか、または異なる知識を伝達しているのかは定かではない。そのため、今後、知識提供行動だけでなく、知識獲得行動についても測定するとともに、それぞれの人間関係に流れる知識の内容についても検討することが期待される。加えて、顧客志向の知識提供の尺度は1項目のみのため、さらに信頼性の高い尺度を用いる必要がある。

2つ目の課題として、重回帰分析の説明力が挙げられる。重回帰分析の結果、有意な回帰係数が多くみられたものの、その値はさほど大きくはなく、調整済み$R^2$の値が小さくなっている。そのため、これらの結果は、数ある知識提供の促進要因の一部の影響を示したに過ぎない。本章では、いくつかの層別の分析を試みたが、今後、異なる属性に対して分析を行ない、これらの人間関係がより有効に機能する状況を明らかにすることが期待される。

3つ目の課題として、層別の分析における有意確率の小ささが挙げられる。層別の分析を通して、人間関係に流れる価値観が、人間関係がもたらす効果を左右する興味深い可能性が示唆されたが、その影響は有意水準10％での判断であり、決して強いものとはいえない。ソーシャル・キャピタルやネットワークの研究では、構造や関係の強弱に焦点が当てられていることから、今後、ネッ

トワークに流れる価値観の影響について、さらなる分析が進められることが期待される。

## 7. おわりに

　本章では、仕事と私生活の人間関係と顧客志向の知識提供との関係を検討することを目的とし、仕事関連の社内と社外の人間関係、私生活の友人知人や家族との人間関係が、顧客志向の知識提供行動に与える影響を分析し、以下の通りの結果が得られた。

1) 仕事社内関係、仕事社外関係、家族関係は顧客志向の知識提供を促進する。
2) 男性は女性に比べて、仕事社内関係の影響が強い。
3) 営業・販売職は研究・開発・技術職に比べて、仕事社外関係の影響が強い。
4) 社外に貢献する姿勢を持つ企業で働く従業員は、そうでない従業員に比べて、仕事社内関係の影響がやや強い。
5) 社外に貢献する姿勢を持つ従業員は、そうでない従業員に比べて、仕事社内関係の影響がやや弱い。

　以上の結果は、企業内で従業員の顧客志向の知識提供行動を促進するためには、仕事関連の社内や社外の人間関係とともに、家族との人間関係が重要であることを示している。さらに、人間関係の影響は、性別、職種、組織や個人の社外貢献姿勢によって異なることを示しているが、特に社外貢献の価値観が浸透している組織において、また貢献する姿勢の乏しい従業員に対して、社内の人間関係が重要となる可能性を示している。企業は、顧客や取引先の多様なニーズに応える上で、従業員の仕事関連の人間関係とともに家族との人間関係の強化に配慮し、企業や従業員の社外への貢献姿勢を吟味しつつ、社内における人間関係強化の必要性の有無を検討することが好ましいと思われる。

# 第7章
# 仕事及び私生活の人間関係と知識獲得

## 1. はじめに

　第6章では、仕事と私生活の人間関係が顧客志向の知識提供行動に与える影響について分析した。その結果、仕事関連の人間関係と家族との人間関係が知識提供を促進している様子が明らかになった。

　しかし、従業員が人間関係を介して伝達された知識を獲得し、その知識を提供しているのか、人間関係が従業員の知識提供行動を促進する間接的な役割を果たしているのかは明らかではなかった。特に、家族との人間関係が知識提供に影響を与えているという興味深い結果が得られたが、同様に家族との関係が知識伝達の役割を果たしているのか、それとも知識提供行動の促進要因になっているのかは明らかではなかった。また、知識伝達の役割を果たしているとしても、仕事関連の人間関係と同様の知識を伝達しているのか、または異なる知識を伝達しているのかは定かではなかった。そのため、知識提供行動だけではなく知識獲得行動についても測定するとともに、それぞれの人間関係を介して流通される知識の内容についても検討することが期待された。

　さらに第6章においては、社外貢献の姿勢を持つ企業で、社内の関係が顧客志向の知識提供につながる傾向がみられた。第1章では、企業における知識は、製品、サービスや業務に直接関係するメイン知識とともに、メイン知識を共有する前段階として必要な、目的、規範、価値観などのメンタル・モデルがあり、メンタル・モデルが社員間で共有されて共通基盤が築かれることで、知識の共有が促進することが示された。第6章の結果は、社内で社外貢献のメンタル・モデルが共有されて共通基盤となることで、顧客志向の知識が流通しやすくな

ることをも示唆しており、メンタル・モデルが共有される仕組みが明らかにされることも期待される。

そこで本章では、仕事におけるメイン知識やメンタル・モデルの獲得場面において、どのような人間関係が利用されるのかをアンケート調査を用いて検討する。加えて、その人間関係を通しての知識獲得の効果を検討するために、知識獲得場面ごとに、どの人間関係の利用が仕事の質の向上に影響を与えるかについても分析する。

## 2. 研究背景

### 2.1 メイン知識、職務メンタル・モデル、職務外メンタル・モデル

第1章において知識の概念を整理し、製品、サービスや業務に直接関係する「メイン知識」と、知識共有のために事前に必要な目的、理念、規範や価値観などの知識である「メンタル・モデル」とに区別した。第3章で述べたように、ナレッジ・マネジメント関連の研究においては、メンタル・モデルの役割が議論され、また確認されているものの (e.g., Mathieu et al., 2000; Zhou and Wang, 2010)、メンタル・モデルの役割とメイン知識の役割を対比した研究がみられないのが現状である。

本章ではさらに、メンタル・モデルの概念を、「職務メンタル・モデル」と「職務外メンタル・モデル」に区分する。Nonaka and Takeuchi (1995) は、メンタル・モデルを、世界観、パースペクティブ、信念、視点などを含んだ暗黙知として位置づけているが、これらは企業の中では、規範、ルール、経営理念や社是などの形で、形式知として表出される場合がある。ただ、そのような仕事に直接関係するメンタル・モデルの背後には、生き方や働き方に対する私生活をも含んだ社会全体に対する世界観や信念などもある。そこで、前者のような企業における規範、ルール、経営理念など、組織の中における職務の価値観に基づくものを「職務メンタル・モデル」、生き方や働き方などの職務には直接関係しない個人の幅広い価値観に基づくものを「職務外メンタル・モデル」と

呼ぶことにする。

## 2.2 仕事関連の人間関係、私生活の人間関係と知識獲得

　第4章では、職場におけるソーシャル・キャピタルと知識創造との関係を分析し、その結果、暗黙知の共有場面である共同化では特に社内の人間関係が重要だが、暗黙知を形式知として表出する表出化や、形式知を獲得して新しい知識を作り出す連結化では、社内と社外、双方の人間関係が重要であることが示された。さらに第6章では、仕事に関する人間関係だけではなく、仕事に関係のない家族との人間関係も知識提供に影響を与えることが示された。

　しかし、人間関係が知識を伝達する役割を通して従業員の知識獲得を促進しているのか、人間関係が従業員の意識を変えることで知識提供行動を促進する役割を果たしているのかは明らかではなかった。家族との人間関係が知識提供に影響を与えているという興味深い結果においても、同様に家族との関係が知識伝達の役割を果たしているのか、知識提供行動の促進要因になっているのかは定かではなく、また、知識伝達の役割を果たしているとしても、仕事関連の人間関係と同様の知識を伝達しているのか、異なる知識を伝達しているのかは定かではなかった。

　第6章でも概観したように、ダイバシティ・マネジメントやワーク・ライフ・バランスの議論では、多様な人材を受け入れる制度が整っていること、子育てなど多様な経験を積んだ人材が社内にいること、またその人材がもたらす知識が刺激を与えることなどによって、組織のパフォーマンスが向上すると考えられ、またそのことを実証した研究もみられた（松原・脇坂, 2005a, 2005b, 2006; 佐藤・武石, 2008; 白石, 2010）。

　これらの研究に基づくならば、第6章で家族との人間関係が知識提供を促進したのは、家族との関係を維持しやすい職場の制度や、子育てなど家族との関係に基づく経験、さらにはそこで得た知識などが知識の提供行動に影響を与えたと考えられる。しかし、家族との関係が製品・サービスに直結するメイン知識を伝達することは想像し難い。たとえば、森下（2006）は、3〜5才の子どもの父親への調査研究から、育児の経験が仕事における責任感や冷静さ、視野

の拡大などにプラスの影響を与えることを明らかにしている。この結果は、家族との関係は、生き方や働き方など、直接仕事には関係のない職務外メンタル・モデルの獲得につながる可能性を示唆しているものの、メイン知識の獲得につながるかどうかは定かではない。

## 3. 研究仮説

　以上から、仕事関係や家族などとの私生活の人間関係が知識提供行動だけでなく、知識獲得行動に与える影響を検討するとともに、それぞれの人間関係を介して流通する知識の内容についても検討することが期待される。そこで以下では、メイン知識、職務メンタル・モデル、職務外メンタル・モデルの獲得場面において、どのような人間関係が利用されるのか、また、どの人間関係を利用した場合に仕事の質が向上するのかについて仮説を提案する。

　業務に直結するメイン知識の獲得に関しては、その特徴から、仕事関連の社内や社外の人間関係が私生活の人間関係に比べて重要と考えられる。これに対し、企業内における規範、ルール、理念などである職務メンタル・モデルは、暗黙知的な側面が強く、かつ企業内独自の知識であることから、これらの知識の獲得には、仕事関連の社外関係や私生活の関係よりも社内の関係が重要になると考えられる。

　さらに、職務外メンタル・モデルの獲得には、様々な価値観に触れることが有効であることが想像され、仕事関連の人間関係だけでなく、友人知人や家族との人間関係も重要になる可能性がある。ワーク・ライフ・バランス関連の研究において、家庭における経験が責任感や視野の拡大など価値観の変化につながるという報告がみられ（森下，2006）、また、第6章では家族との人間関係が顧客志向の知識の提供を促進しており、家族との関係が顧客へ貢献する想いの獲得につながった可能性も示唆された。そのため、私生活の関係が職務外メンタル・モデルの獲得に何らかの影響を与えることが予想される。これらから、以下の仮説が提案される。

仮説1：メイン知識の獲得には、仕事関連の社内と社外の人間関係が活用される。

仮説2：職務メンタル・モデルの獲得には、仕事関連の社内の人間関係が活用される。

仮説3：職務外メンタル・モデルの獲得には、仕事関連の社内や社外の人間関係と友人知人や家族との人間関係が活用される。

さらに、上記の仮説のように、知識獲得に適切な人間関係が活用されている場合に、その職場から良い製品やサービスが提供されるなど、仕事の質が向上すると考えられる。そのため、以下の仮説が提案される。

仮説4：メイン知識の獲得に、仕事関連の社内と社外の人間関係が活用されるときに、仕事の質が向上する。

仮説5：職務メンタル・モデルの獲得に、仕事関連の社内の人間関係が活用されるときに、仕事の質が向上する。

仮説6：職務外メンタル・モデルの獲得に、仕事関連の社内や社外の人間関係と私生活の友人知人や家族との人間関係が活用されるときに、仕事の質が向上する。

## 4. 研究方法

### 4.1 調査方法

上記の仮説を検証するために、アンケート調査を通してデータを収集し、分析を進める。アンケートは2011年2月に、他章のデータと同様にネットリサーチ業者に依頼して2段階で実施した。1回目の調査で、業者のモニターから従業員数10名以上の株式会社で知識労働に関わっている正社員を抽出し、それらのモニターに対し2回目の調査を実施し、最終的に1,000人分のデータが得られ、それをサンプルとした。サンプルの特徴として、男性、40代、製造業、研

表7.1 回答者の内訳

| 業種 | 人数 | % | 職種 | 人数 | % |
|---|---|---|---|---|---|
| 製造業（企業向け） | 319 | 31.9 | 営業・販売 | 166 | 16.6 |
| 製造業（消費者向け） | 157 | 15.7 | 研究・開発・技術 | 438 | 43.8 |
| 卸売業（企業向け） | 20 | 2 | 総務・人事 | 35 | 3.5 |
| 卸売業（消費者向け） | 7 | 0.7 | 財務・経理 | 17 | 1.7 |
| 卸売業（総合商社・各種商品） | 23 | 2.3 | 企画・マーケティング | 48 | 4.8 |
| 小売業 | 26 | 2.6 | 広告・デザイン | 11 | 1.1 |
| ソフトウェア・情報処理業 | 151 | 15.1 | 事務職 | 46 | 4.6 |
| サービス業（企業向け） | 73 | 7.3 | 管理職 | 159 | 15.9 |
| サービス業（消費者向け） | 85 | 8.5 | 会社経営・役員 | 37 | 3.7 |
| その他 | 139 | 13.9 | その他 | 43 | 4.3 |
| **従業員数** | | | **年齢** | | |
| 10〜49人 | 110 | 11 | 20代 | 46 | 4.6 |
| 50〜99人 | 71 | 7.1 | 30代 | 272 | 27.2 |
| 100〜299人 | 128 | 12.8 | 40代 | 503 | 50.3 |
| 300〜999人 | 182 | 18.2 | 50代 | 179 | 17.9 |
| 1,000〜4,999人 | 224 | 22.4 | **性別** | | |
| 5,000〜9,999人 | 107 | 10.7 | 男性 | 938 | 93.8 |
| 1万人以上 | 178 | 17.8 | 女性 | 62 | 6.2 |
| | | | 合計 | 1,000 | 100.0 |

究・開発・技術職が多くなっている（表7.1）。

## 4.2 尺度

　知識の特性と人間関係の特性との関係については、様々な知識獲得場面において知識を獲得する際に、どのような人間関係がどれだけ有益であるかについて尋ねる質問を準備した（表7.2）。知識獲得場面としては、「業務で判断に直面しているときの知識獲得」、「業務でのヒントの獲得」、「会社の暗黙の規範やルールの獲得」、「会社の理念や価値観の獲得」、「社会貢献の想いの獲得」を設定した。業務判断と業務のヒントは、業務に直接関係することから、メイン知

**表7.2 質問項目**

---
**知識獲得場面ごとの人間関係の有益性**
会社での仕事に関係する以下の各場面において役立つ人間関係についてお答えください
① 業務で具体的な判断に直面しているときの情報・知識の獲得
    a） 業務に関係のある社内の人との関係
      1．役立つ　2．やや役立つ　3．どちらでもない
      4．あまり役立たない　5．役立たない
    b） 業務に関係のある社外の人との関係
    c） 仕事に関係のない親しい友人知人との関係
    d） 家族との関係
② 業務で何かヒントを得たいときの情報・知識の獲得
③ 会社の暗黙の規範やルールに関する情報・知識の獲得
④ 会社の理念や価値観に関する情報・知識の獲得
⑤ 仕事を通して人や社会の役に立ちたいという想いの獲得

**仕事の質**
あなたの職場や会社の様子についてお答えください
① 職場の仕事の質は高い
    1．そう思う　2．ややそう思う　3．どちらでもない
    4．あまりそう思わない　5．そう思わない
② 職場から生まれた製品やサービスの質は高い

---

識に位置づけられる。会社の規範・ルールや理念・価値観は、業務の前提として必要な知識であり、かつ仕事に関係する知識であることから、職務メンタル・モデルに位置づけられる。社会貢献の想いは、仕事には直接関係しない個人の生き方に関する価値観であることから、職務外メンタル・モデルに位置づけられる。

質問では上記の場面ごとに、「仕事関連の社内の人間関係」、「仕事関連の社外の人間関係」、「私生活の友人知人との人間関係」、「私生活の家族との人間関係」が知識獲得にどれだけ有益かについて尋ねている。各質問の選択肢は、「役

立つ」（5点）から「役立たない」（1点）までの5段階のリッカートスケールとなっている。

さらに、仕事の質の尺度は、仕事や製品・サービスの質について尋ねた2項目から作成した（$\alpha$ = 0.904）。各質問の選択肢は、「そう思う」（5点）から「そう思わない」（1点）までの5段階となっている。

### 4.3 分析方法

知識獲得場面ごとの人間関係の有益性を検討するために、知識獲得場面ごとに人間関係の有益性（「役に立つ」を5点、「役に立たない」を1点）の平均値を求め、分散分析によって差異を確認する。さらに、知識獲得場面ごとに活用される人間関係が仕事の質に与える影響を検討するために、知識獲得場面ごとに各人間関係を説明変数、仕事の質を目的変数とし、重回帰分析で検討する。

## 5. 分析結果

### 5.1 知識獲得場面と人間関係との関係

知識獲得の場面ごとに、人間関係の有益性の平均値と分散分析の結果を示したのが表7.3である。

メイン知識に位置づけられる業務判断知識とヒントの獲得では、仕事関連の社内の人間関係と社外の人間関係が特に重視される一方、友人知人や家族はそれほど重視されない。これらの結果から、「仮説1：メイン知識の獲得には、仕事関連の社内と社外の人間関係が活用される」は支持されたといえる。

職務メンタル・モデルである、規範・ルールや理念・価値観では、社内の人間関係が他の人間関係に比べて特に重視されている。したがって、「仮説2：職務メンタル・モデルの獲得には、仕事関連の社内の人間関係が活用される」は支持されたといえる。

職務外メンタル・モデルである貢献の想いでは、メイン知識と同様に社内と社外の人間関係が、友人知人や家族に比べて重視されているが、他の場面に比

**表7.3 知識獲得場面ごとの人間関係の有益性に対する分散分析の結果**

| | 知識獲得場面 | | | | |
|---|---|---|---|---|---|
| | 業務判断 | ヒント | 規範・ルール | 理念・価値観 | 貢献の想い |
| 仕事社内 | 4.60 | 4.45 | 4.29 | 4.05 | 3.86 |
| 仕事社外 | 4.36 | 4.37 | 3.32 | 3.58 | 3.89 |
| 友人知人 | 3.26 | 3.29 | 2.69 | 3.01 | 3.59 |
| 家族 | 3.06 | 2.98 | 2.48 | 2.78 | 3.42 |
| F値 | 870.981 ** | 816.998 ** | 852.589 ** | 507.268 ** | 87.830 ** |

※値は各知識獲得場面の平均値
※多重比較（Bonferroniの方法）の結果、「貢献の想い」の「仕事社内」と「仕事社外」との組み合わせは有意水準5％で帰無仮説は棄却、それ以外は有意水準1％で有意

べると各関係の差が小さくなっている。つまり、他の場面に比べた場合、仕事の人間関係だけではなく、仕事に関係しない友人や家族との人間関係の重要性が増している。したがって、「仮説3：職務外メンタル・モデルの獲得には、仕事関連の社内や社外の人間関係と友人知人や家族との人間関係が活用される」は、字義通りには支持されていないものの、他の場面と比較した場合に、仕事に関係しない私生活の人間関係の重要性が高まるという意味においては支持されたともいえる。

## 5.2　知識獲得場面における人間関係の仕事の質への影響

　知識獲得場面ごとに各人間関係が仕事の質に与える影響を重回帰分析で検討した結果を表7.4に示す。なお、各説明変数間の独立性を検討していないことから多重共線性をVIFで確認したが（表7.5）、その値は小さいため多重共線性の問題はないと思われる。
　業務判断知識とヒントの獲得においては、それぞれ社内と家族との人間関係が仕事の質に正の影響を与えている。したがって、「仮説4：メイン知識の獲得に、仕事関連の社内と社外の人間関係が活用されるときに、仕事の質が向上する」は棄却された。

表7.4 知識獲得場面ごとの人間関係と仕事の質との重回帰分析の結果

| | 知識獲得場面 | | | | |
|---|---|---|---|---|---|
| | 業務判断 | ヒント | 規範・ルール | 理念・価値観 | 貢献の想い |
| 仕事社内 | 0.215 ** | 0.272 ** | 0.210 ** | 0.226 ** | 0.224 ** |
| 仕事社外 | 0.021 | 0.014 | 0.079 * | 0.041 | 0.076 |
| 友人知人 | -0.033 | -0.079 | 0.013 | 0.000 | 0.093 |
| 家族 | 0.114 ** | 0.117 * | 0.048 | 0.042 | -0.027 |
| 調整済み $R^2$ | 0.059 | 0.081 | 0.065 | 0.066 | 0.097 |
| F値 | 16.726 ** | 23.153 ** | 18.272 ** | 18.551 ** | 27.874 ** |

※*：p＜0.05，**：p＜0.01
※値は標準回帰係数
※目的変数は「仕事の質」

表7.5 重回帰分析のVIF

| | 業務判断 | ヒント | 規範・ルール | 理念・価値観 | 貢献の想い |
|---|---|---|---|---|---|
| 仕事社内 | 1.189 | 1.224 | 1.063 | 1.350 | 2.300 |
| 仕事社外 | 1.274 | 1.309 | 1.505 | 1.787 | 2.615 |
| 友人知人 | 2.019 | 2.425 | 3.429 | 3.042 | 3.160 |
| 家族 | 2.009 | 2.348 | 3.282 | 2.947 | 2.950 |

　仕事に関する規範・ルールや理念・価値観の獲得では、社内関係のみが仕事の質の向上に強い正の影響を与えており、「仮説5：職務メンタル・モデルの獲得に、仕事関連の社内の人間関係が活用されるときに、仕事の質が向上する」は支持されたといえる。

　貢献の想いでは、社内関係のみが仕事の質の向上に正の影響を与えている。この結果から、「仮説6：職務外メンタル・モデルの獲得に、仕事関連の社内や社外の人間関係と私生活の友人知人や家族との人間関係が活用されるときに、仕事の質が向上する」は棄却される。

## 6. 考察

### 6.1 私生活の人間関係の影響

　仮説1から3の検証を通して、知識獲得の場面によって重視される関係が異なることが示され、ナレッジ・マネジメントとソーシャル・キャピタルとの関係を分析する際に、知識特性を考慮しつつ検証する必要があることが示唆された。特に企業のナレッジ・マネジメントやソーシャル・キャピタルの議論において軽視されがちな私生活の人間関係は、貢献の想いにみられる個人の価値観の獲得においては重要と考えられる。第6章では、家族との人間関係が顧客志向の知識提供行動に影響を与えていたが、本章の結果は、家族との人間関係を通して貢献の想いといった知識を獲得し、それを組織に提供している可能性が示唆される。

　ただし、仮説4から6の検証の結果から、必ずしも重視される関係が、仕事の質を高めるわけではない可能性が示された。ある意味、自明のことではあるが、すべての知識獲得の場面において重視されている社内関係が、同じくすべての場面において、仕事の質の向上にも影響を与えており、社内の人間関係が仕事の質の向上には不可欠である。

　興味深い点として、業務判断知識やヒントの獲得といったメイン知識において、仕事の人間関係に比べて軽視されている家族との人間関係が仕事の質の向上に正の影響をもたらしていることが挙げられる。近年、企業においてワーク・ライフ・バランスが注目され、その効果として社員の定着やモチベーションの向上などが挙げられているとともに（佐藤・武石, 2008）、組織内の知識の多様性、そして知識の触発をもたらす可能性も指摘されていた（白石, 2010）。ただ、ワーク・ライフ・バランスが具体的な仕事に直結する知識の獲得につながるかは定かではなかった。本章の結果は、家庭における人間関係やそこでの経験が、単なる貢献の想いの獲得だけではなく、業務に直接役立つ知識の獲得につながる可能性を示している。

家族との関係は親密度の視点からは結束型であるものの、職場からみた情報の多様性の視点からは橋渡し型である。Granovetter（1997）は、強い密接な関係は同質な者同士を結合するために同質性の高い集団を構成し、橋渡しの関係にはなりにくいと述べている。これに対し、家族との関係は密接な関係でありながらも、家族と職場が物理的に切り離されているために、職場にとっては橋渡しの役割を果たしており、Granovetterの主張の例外の事例と考えることもできる。このような密接でありながらも橋渡しの役割を果たす家族との関係が、組織に多様な知識をもたらす可能性がある。

## 6.2　職務メンタル・モデル

　第4章では、社内の関係が共同化だけではなく、表出化、連結化、内面化へも影響を与えていたが、その理由としてメイン知識の創造活動の背後で、暗黙知の側面の強いメンタル・モデルの共有のために社内の関係が活用されている可能性が指摘された。本章の結果は、特に社内の関係が他の関係に比べて職務メンタル・モデルの獲得に活用されていることを示していることから、第4章での解釈を裏付けている。そのため、メイン知識の共有や創造の背後で職務メンタル・モデルが必要とされている状況では、社外との多様な関係だけではなく、社内の関係がより重要となると思われる。

## 6.3　職務外メンタル・モデル

　第6章では、顧客、取引先、社会などの社外への貢献の価値観が社内に浸透している場合に、仕事関連の社内の人間関係が顧客志向の知識提供を促進する傾向がみられ、社内の関係を通して顧客志向の知識の流通を活性化させるためには、社外貢献の価値観に基づいた共通基盤が必要であると考えられた。一方、本章の結果は、職務外メンタル・モデルである社会貢献の想いが仕事関連の人間関係とともに私生活の人間関係を介して獲得される傾向があること示している。そのため、社外貢献の価値観の共有に基づく共通基盤を築くことにより、社内の顧客志向の知識の流通を活性化させるためには、従業員が仕事関連の関係とともに私生活における人間関係も築き、貢献の想いを獲得することが有効

であると考えられる。

## 6.4　適用

　本章の結果から、どのような知識の獲得においても仕事関係の社内と社外の人間関係は重要であるが、人や他者の役に立ちたいという社会貢献の想いを獲得するには友人知人や家族との関係も重要になると考えられる。近年、企業の社会貢献が叫ばれているが、特に企業が顧客志向の製品やサービスの開発を通して社会への貢献を目指すのであれば、従業員の仕事関連の人間関係だけではなく、私生活の人間関係を充実させることで、社会貢献の価値観が企業内に浸透し、それを共通基盤として、顧客志向の知識が流通する可能性がある。そのためにも、ワーク・ライフ・バランスの制度を整え、従業員が家族や友人知人と接点を持つことができる環境を整えておく必要がある。

　また、仕事やサービスの質の向上には、社内の人間関係から知識を獲得することが重要であるが、それとともに仕事と直接関係すると思われ難い家族との人間関係も、仕事の質の向上に直結する知識の獲得につながる可能性がある。良質な仕事、製品、サービスを実現する上で、ワーク・ライフ・バランス制度によって従業員が家族を中心とした私生活の人間関係を築くことは、企業にとって重要な戦略と考えることができる。

　一方で、規範、ルール、理念などの獲得には、特に社内の関係が有効であることにも留意する必要がある。

## 6.5　研究課題

　今後の課題として、1つは尺度の問題がある。今回の分析では、各人間関係の有益性は1つの項目のみで測定するとともに、平均値によってのみ大小を確認し、またその項目を用いて重回帰分析を行なっている。今回の分析で、大まかな傾向が把握できたことから、今後、異なる尺度を用いるなど、多様な分析が期待される。

　また、家族との関係を通して業務に直結するメイン知識を獲得することが、なぜ仕事の質の向上につながるかを検討する必要がある。本章の結果では、因

果関係の存在が確認され、家族関係を通して有益なメイン知識を獲得している可能性が示唆されたものの、その具体的な状況は定かではない。さらなる詳細な調査や事例の分析などによって、その理由を明確にすることが期待される。

## 7. おわりに

　本章では、仕事における知識獲得場面に有益な人間関係を明らかにすることを目的とした。そして、業務に直接関係するメイン知識、仕事に関係する職務メンタル・モデル、仕事に関係しない職務外メンタル・モデルの獲得場面において、仕事関連の社内と社外の人間関係や、私生活の友人知人や家族との人間関係の有益性を検討し、以下の結果が得られた。

1）メイン知識の獲得には、仕事社内関係と仕事社外関係が活用される。
2）職務メンタル・モデルの獲得には、仕事社内関係が活用される。
3）職務外メンタル・モデルの獲得には、仕事社内関係と仕事社外関係が活用されるが、友人知人関係や家族関係も他の知識の獲得に比べると活用される傾向がある。
4）メイン知識の獲得に仕事社内関係と家族関係が活用されるときに、仕事の質が向上する。
5）職務メンタル・モデルと職務外メンタル・モデルの獲得に仕事社内関係が活用されるときに、仕事の質が向上する。

　これらの結果から、職務外メンタル・モデルを獲得するには、仕事の人間関係だけではなく、私生活の人間関係も有効であり、また仕事の質の向上には、仕事社内の人間関係とともに、家族との人間関係からメイン知識を獲得することも有効であり、今まで注目されていなかった家族との人間関係が知識の獲得に貢献していることが示された。

# 第8章
# 知識提供動機と組織内自尊感情

## 1. はじめに

　第4章から第7章ではソーシャル・キャピタルの理論に基づく人間関係や組織特性が知識創造、知識提供、知識獲得に影響を与えていることが明らかにされた。これらの分析から、ソーシャル・キャピタルそのものが知識を伝達する役割を果たしているとともに、ソーシャル・キャピタルが知識の伝達を促す役割を果たしていることが推測された。そのため、ソーシャル・キャピタルに関連する要因が、個人の行動を引き起こす心理的な要因に与える影響について明らかにすることが期待される。

　個人の知識提供行動の促進要因の1つとして知識提供動機が挙げられる。第3章でみたように、先行研究において、この知識提供動機は大きく分けて外発的動機と内発的動機に分けられる (e.g., Bock et al., 2005; Lin, 2007a)。一般に内発的動機とは、興味や関心などによって行為それ自体が目的となった、自らの意志で取り組む自律的な動機であるのに対し、外発的動機とは、行為が報酬獲得などの目的を達成するための手段となった、外部から統制された他律的な動機である (e.g., Deci and Flaste, 1995; 櫻井, 2009)。組織における知識提供動機の研究では、内発的動機は知識提供を促進する傾向があるのに対し、外発的動機は研究によってその結果が異なる傾向がみられる (Bock et al., 2005; Kankanhalli et al., 2005; Lin, 2007a)。この理由として、研究を実施した国や組織の差異とともに、知識提供動機の尺度の差異が挙げられる。Deci and Ryan (2002) が提唱した有機的統合理論によると、内発的動機と外発的動機の境界は階層的であり、単純に二分できるものではないと考えられている。そのため、

知識提供動機においても、同様に階層的に動機を捉えた研究が期待される。

　また、知識提供を促進する施策を検討する上で、知識提供動機の規定要因を明らかにすることも期待されるが、それらの要因を検討した研究は少ないのが現状である。一般的な内発的動機と外発的動機の議論では、自律性、関係性、有能感が内発的動機を高めるという意見や（Deci and Ryan, 2002）、他者の評価に基づく不安定な自尊感情は外発的動機に、自分の価値を信じる安定した自尊感情は内発的動機に関係するという意見がみられる（Deci and Flaste, 1995）。自尊感情に関しては、組織の観点においては組織内自尊感情という概念が注目されており、組織の特性と従業員の動機や行動との関係を組織内自尊感情が媒介している可能性が指摘されている（Pierce et al., 1989; Pierce and Gardner, 2004; Bowling et al., 2010）。また第3章で紹介したように、知識共有の規定要因に関する研究から、自律性と知識共有の関係を自己の能力に対する信念である自己効力感が媒介している可能性が想定され（Cabrera et al., 2006; Welschen et al., 2012）、Wang and Noe（2010）は、知識提供の促進要因のレビュー研究に基づき、自己効力感、自尊感情、組織内自尊感情などの自己評価の影響に関する研究の必要性を指摘している。これらの議論も一部踏まえて、向日（in press）は知識提供動機を規定する要因について検討し、組織の特性や、その特性などから形成される組織内自尊感情が知識提供動機に影響を与えていることを明らかにした。その一方で、この研究においても、知識提供動機は内発的動機と外発的動機のみに分類されており、かつ両動機の間に強い関係があることから、知識提供動機の細分化が研究課題となっている。

　以上から、組織特性から組織内自尊感情と知識提供動機を介して知識提供行動に至る因果関係の存在が想定されるが、これは第5章で明らかにされた組織特性と知識創造との関係を、組織内自尊感情と知識提供動機が媒介している可能性を示している。そこで本章では、有機的統合理論に基づき知識提供動機を細分化した上で、組織特性が組織内自尊感情と知識提供動機を介して知識提供行動に与える影響を明らかにすることを目的とし、企業の従業員からアンケートを通して得られたデータを分析し、その影響を明らかにする。

## 2. 研究背景

### 2.1 知識提供動機と知識提供行動

#### (1) 自己決定理論と有機的統合理論

「自己決定理論（self-determination theory）」は、個人の自己決定（自律性）の程度によって個人のパフォーマンスが左右されるとする理論で、5つのミニ理論から構成されるが、その1つに「有機的統合理論（organismic integration theory）」がある。有機的統合理論では、その行為に対する外部の価値観を内部に取り込む内在化の程度に従い、外発の動機を4つに区分している（e.g., Deci and Ryan, 2002; 櫻井, 2009）。最も内在化の程度が低い「外的調整（external regulation）」は、「指示、命令、報酬、罰則に従い仕方なくする」という義務感のみに基づく最も他律的な状況である。つぎに内在化の程度が低い「取り入れ的調整（introjected regulation）」は、「やらなければいけないのでする」といった価値を認めつつも義務感が伴う状況で、周囲の評価を懸念した状況である。内在化が進んだ「同一化的調整（identified regulation）」は、「自分にとって重要だからする」という価値を認識し、自発性が伴う状況を指す。内在化の最も高い「統合的調整（integrated regulation）」は、「自分の価値と一致しているからする」という外部と自己の価値観が一致した状況である。同一化的調整や統合的調整は、目的が外部にある点においては外発的動機であるが、自律性が高い面では内発的動機に近い概念であり、特に統合的調整はアンケート調査において内発的動機との弁別は難しく、調査では外されることも多い（櫻井, 2009）。

この有機的統合理論に従った動機とパフォーマンスとの関係について検討した研究は、学習の分野を中心に行なわれている。櫻井（2009）はこれらの研究をレビューし、学習の分野においては、同一化的調整が学習効果を高める傾向が強く、状況によっては取り入れ的調整や内発的動機が学習効果を高めること、また組織の分野の研究は少ないものの、同一化的調整が生産性を高める傾

向があることを示している。このことは、組織の文脈において、興味関心などに基づく行動よりも、仕事の価値などを認めて行動することが組織の生産性にはプラスに働く可能性を示唆している。

### (2) 知識提供動機と知識提供行動

第3章で紹介したように、知識提供動機を内発的動機と外発的動機の側面から検討した研究が多くみられる。Lin (2007a) は、知識提供動機を、自己効力感や援助の喜びなどの内発的動機と、報酬や互恵関係などの外発的動機に二分し、台湾の様々な企業の従業員に対して調査を行ない、自己効力感、援助の喜び、互恵関係が知識提供の態度や意図を強める一方、報酬は態度や意図に影響しないことを示した。また、Bock et al. (2005) は、韓国企業の従業員を対象とした研究を通して、互恵関係が知識提供の態度を強め、逆に報酬が態度を弱めることを明らかにした。さらに、Kankanhalli et al. (2005) は、シンガポールの複数の公的組織に対して、知識データベースの利用要因に関する調査を実施し、報酬、自己効力感、援助の喜びが知識データベースにおける知識提供行動を促進する一方、互恵関係は知識提供行動に影響しないことを明らかにした。これらの研究から、自己効力感や援助の喜びなどの内発的動機の側面の強い動機は知識提供を促進するものの、報酬や互恵関係などの外発的動機の側面の強い動機は、研究によって結果がそれぞれ異なることから、その影響は定かではない。

### (3) 有機的統合理論と知識提供動機

知識提供動機を有機的統合理論の視点から検討した研究としては、Foss et al.(2009) の研究がある。彼らは、知識提供動機を外的調整、取り入れ的調整、内発的動機に分け、ドイツの企業の従業員に対して調査を行なった。その結果、外的調整は知識提供行動に負の影響を、取り入れ的調整は正の影響を、内発的動機は強い正の影響を与えていることが明らかになった。しかしながら、彼らの内発的動機の尺度は「知識を提供することが好き」という項目とともに、「知識を提供することが大切な仕事」という項目が含まれており、内発的動機と同

一化的調整が統合された項目となっている。

有機的統合理論と知識提供動機とに関連した研究が、従業員の自発的な助け合いである「組織市民行動（organizational citizenship behavior）」（Organ et al., 2006）に関する研究でみられる。知識提供行動と組織市民行動、双方ともに自発的な従業員同士での援助の側面を含んでいることから、組織市民行動における研究結果を知識提供行動に応用できるという意見がある（Gagné, 2009）。

塩村・松岡（2005）は、Barbuto and Scholl（1998）の動機の区分を応用し、仕事の動機を細分化し、組織市民行動との関係を分析している。Barbuto and Schollは、動機の源泉を、報酬を期待する「道具性動機（instrumental motivation）」、他者からの承認を期待する「外的自己概念動機（external self-concept-based motivation）」、行動の楽しさに基づく「内的な過程動機（intrinsic process motivation）」、自己の内的基準を超えることを志向する「内的自己概念動機（internal self-concept-based motivation）」、外部の目標に従う「目標の内面化による動機（goal internalization motivation）」の5つに区別している。塩村・松岡は、日本企業の従業員に対してアンケート調査を行ない、目標の内面化を除いた4つの動機と組織市民行動との関係を分析し、組織市民行動に対して、内的自己概念が強い正の影響を、道具性が弱い正の影響を、内的な過程が強い負の影響を与えていることを明らかにした。

一方、Barbuto and Story（2011）も、アメリカにおける農産業の企業の従業員に対して調査を行ない、内的な過程を除いた4つの動機と組織市民行動との関係の分析を行なったが、その結果、内的自己概念が正の影響を、外的自己概念が負の影響を与えていることが明らかにされた。

以上の組織市民行動への影響の研究から、少なくとも自己の内面的な価値観に基づく動機は組織市民行動を促進するのに対し、承認を期待した動機は組織市民行動を促進しないことが想定される。この結果を、知識提供の文脈の有機的統合理論に当てはめた場合に、価値を内在化した同一化的調整は知識提供行動を促進する一方で、承認に基づく取り入れ的調整は知識提供行動を促進しないと考えることができる。

## 2.2 組織内自尊感情と知識提供行動[1]

### (1) 自尊感情

自尊感情とは、「人が自分の自己概念と関連づける個人的価値及び能力の感覚」（遠藤他, 1992, p.1）と定義される。自尊感情の代表的な研究者であるRosenberg（1965）は、自尊感情には、他者との比較による優越感に基づいて自己を「とてもよい」と判断する側面と、自己の中の基準に従って「これでよい」と判断する側面があると指摘した。Rosenbergは「これでよい」との自尊感情を測定するための尺度を作成し、現在、他の研究者による多くの研究でこの尺度が用いられている。

Deci and Flaste（1995）は、自尊感情を、自分の価値を信じる健全で安定した「真の自尊感情」と、他者からの評価などにより変化する不安定な「随伴的自尊感情」とに区別した。そして、随伴的自尊感情が高い状況では、その感情を維持するために評価を得ることに注意が向けられることから、外発的に動機づけられるのに対し、真の自尊感情が高い状況では周囲の影響を受けることなく自己の価値に従うことから、内発的動機が維持されると指摘している。伊藤他（2011）は、「真の自尊感情」を自分らしくある感覚である「本来感」（伊藤・小玉, 2005）、「随伴的自尊感情」を他者との比較に基づく自己評価である「優越感」（小塩, 1998）という尺度を用いて測定することを試み、これらが自尊感情の下位次元に位置することを明らかにしている。

### (2) 組織内自尊感情

Rosenbergをはじめとした自尊感情の研究では、全体的な個人の特性で変化しにくい自尊感情に焦点を当てているが、組織における個人の自尊感情には「組織内自尊感情（organization-based self-esteem）」の概念が用いられることが多い。Pierce et al.（1989）は、組織内自尊感情を「個人が組織の成員として自己を有能で価値のある重要な存在と捉える度合い」（松田他, 2009, p.115）と定義し、その組織内自尊感情が組織や個人の特性に基づき形成され、また個人の行動に影響すると述べている。Pierceらは、組織内自尊感情が人間行動を規

定する理由として、Korman（1970）の、個人は現状の自尊感情を維持するように態度を形成し行動するという考えを挙げている。また、組織特性や個人特性が組織内自尊感情を規定する理由として、Korman（1971）の、他者からのコメントや割り当てられた仕事を、個人が価値のメッセージとして受け取るという主張を挙げている。組織内自尊感情の研究では、個人の一般的な自尊感情を「全体的自尊感情（global self-esteem）」と呼び、組織内自尊感情と区別している。

Pierce et al.（1989）は、アメリカの企業などの従業員へのアンケート調査から、全体的自尊感情などの個人特性や、管理者の配慮、職務の複雑性、組織の柔軟性などの組織特性が組織内自尊感情を高め、組織内自尊感情が内発的職務動機や組織市民行動などを促進することを明らかにした。

Pierceらのこの研究をきっかけに、多くの研究者が組織内自尊感情の研究に取り組んだが、Pierce and Gardner（2004）、松田他（2009）、Bowling et al.（2010）は先行研究をレビューし、組織内自尊感情に関する因果関係を整理している。具体的には、組織内自尊感情を促進する規定要因として、個人の全体的自尊感情、自己効力感、情緒安定性などの特性や、組織の職務複雑性、自律性、効果的リーダー行動、社会的・組織的支援、心理的所有感、給与などの特性が挙げられる。また、抑制する規定要因として、職務ストレス、役割曖昧性、役割葛藤、職務不安定性などの組織特性が挙げられている。さらに、組織内自尊感情が与える影響としては、正の影響を与えるものとして内発的職務動機、組織市民行動、職務満足、感情的コミットメント、職務関与、職務パフォーマンスなどが挙げられ、また負の影響を与えるものとして転職意図、抑うつ、身体的症状などが挙げられている。

### (3) 組織内自尊感情と知識提供行動

以上のように、組織内自尊感情は従業員の行動に大きな影響を与えているものの、知識提供に応用した研究はほとんどみられない。Wang and Noe（2010）は、知識提供の促進要因のレビュー研究の中で、自己評価が知識提供に影響を与える研究が少ない状況に対して、自己評価の影響について検討する必要性を

指摘し、自己効力感、自尊感情、そして組織内自尊感情の影響に対して関心を寄せている。向日 (in press) は、知識提供動機や行動に影響を与える要因として組織内自尊感情の概念に注目し、日本企業の従業員に対して調査を行ない、知識提供場面における組織内自尊感情の影響を分析したところ、組織内自尊感情が内発的知識提供動機を介して知識提供行動を促進する一方、組織内自尊感情は外発的知識提供動機には影響を与えないことが明らかにされた。

## 2.3 組織特性と知識提供行動

### (1) 組織特性と知識提供動機、知識提供行動

組織が知識提供を促進する施策を検討する上で、組織特性が知識提供動機や知識提供行動に与える影響を明らかにすることは重要であり、第3章では先行研究をレビューし、また第5章では組織特性と知識創造との関係について分析をしたが、ここでは先行研究を再度、概観する。

たとえば、組織特性と知識提供との関係に関しては、ナレッジ・マネジメントの議論において、相互信頼、相互援助、ビジョンの共有など信頼の行き渡った関係の重要性や、組織内における自律性や自然に会話が生まれやすい環境などの自由な雰囲気が従業員の自発的な知識の提供を促進し、逆に組織内における過当競争が知識提供を抑制すると指摘されていた (Nonaka and Takeuchi, 1995; von Krough et al., 2000)。

また、このような組織特性が知識共有に与える影響について具体的に検討した研究もみられる。自由な雰囲気の影響に関する研究では、たとえば、Taylor and Wright (2004) は、イギリスの公的機関の従業員に対して調査を行ない、変化へのビジョンを持つ組織や、失敗から学び、新しいアイデアを奨励する挑戦しやすい文化を持つ組織では知識共有が促進することを明らかにしている。また、Lee and Choi (2003) は、韓国企業の従業員への調査を通して、信頼関係は知識の表出行動などの知識創造活動を促進することを示した。さらに、Bock et al. (2005) は、韓国企業の従業員を対象に行なった調査から、一体感や革新性などから構成される組織風土が知識提供の意図を高めることを明らかにした。

組織内における競争を高める組織の報酬制度に注目した研究では、たとえば、Cabrera et al.（2006）は、スペイン企業の従業員に対する調査を行ない、外発的報酬は知識共有を弱いながらも促進することを明らかにしている。また、Lee et al.（2006）は、韓国企業の従業員に対して調査を実施し、組織がもたらす報酬が、知識提供に対するコミットメントを介して知識共有を促進することを明らかにした。さらに、Kim and Lee（2006）は、韓国の企業と公的機関の従業員への調査から、報酬システムは知識提供を促進することを明らかにしている。ただ、知識提供動機の視点からは、報酬に基づく動機は必ずしも知識提供にプラスに働くわけではないことを示す研究もあり（Bock et al., 2005; Lin, 2007a）、報酬に基づく組織内部の競争が知識提供行動に与える影響は定かではない。

これらの先行研究に基づき、第5章では、組織特性と知識創造との関係を分析した。特に知識提供に関係の深い表出化においては、信頼関係、自由な雰囲気、外部変化への対応は表出化を促進したものの、内部競争は表出化を促進しないことが明らかにされた。

一方で、組織特性と知識提供動機との関係に注目した研究は少ない。自己決定理論では、個人の有能感、自律性や関係性が内発的動機を高める可能性が指摘されており（Deci and Ryan, 2002）、またGagné and Deci（2005）は、組織における内発的／外発的動機に関連する研究をレビューし、良好な人間関係を有する組織特性や自律性を支援する組織特性が内発的動機を高める可能性を指摘している。このような中、Foss et al.（2009）は、自己決定理論と有機的統合理論に基づき組織特性、知識提供動機、知識提供行動の関係について分析を行ない、外的調整には評価のフィードバックが、取り入れ的調整にはタスクへの関わりの完結性が、また内発的動機には自律性が影響を与えていることを明らかにした。

### (2) 組織特性と知識提供行動の媒介要因

以上のように、組織特性が知識提供行動、そして知識提供動機に影響を与えることは明らかであるが、これらの関係を組織内自尊感情が媒介している可能

性がある。先述した組織内自尊感情の先行研究では、従業員が働きやすい組織特性が組織内自尊感情を高めるとともに、組織内自尊感情が内発的動機や組織市民行動を促進する傾向が確認され、組織内自尊感情が組織特性と動機や行動との関係を媒介していることが示されていた（Pierce et al., 1989; Pierce and Gardner, 2004; Bowling et al., 2010）。

また、Cabrera et al.（2006）はスペイン企業の従業員への調査を通して、Welschen et al.（2012）はニュージーランド企業の従業員への調査を通して、それぞれ、組織における自律性は知識提供に影響を与えないのに対し、自分の能力に対する信念である自己効力感（Bandura, 1977）は知識提供に影響を与えていることを明らかにしている。そして、両研究ともに、自己効力感が自律性と知識提供の関係を媒介している可能性に言及している。自己効力感は行動の規定要因であるのに対し、自尊感情は個人の状態を意味し、両者は異なる概念であるが、両概念の規定要因や、両概念が与える影響には同様の傾向がみられることが確認されている（Judge and Bono, 2001; Judge et al., 2002）。これらの議論から、組織内自尊感情が自律性と知識提供行動との関係を媒介している可能性が想定される。

向日（in press）は、組織内自尊感情の研究に基づき、組織特性、組織内自尊感情、知識提供動機、知識提供行動との関係を分析したが、組織の信頼関係と自由な雰囲気が組織内自尊感情を高め、組織内自尊感情が内発的知識提供動機を促進することを明らかにしている。

## 3. 研究仮説

### 3.1 知識提供動機と知識提供行動

有機的統合理論と組織における生産性の研究では、同一化的調整が生産性を高める傾向がみられた（櫻井, 2009）。また、Foss et al.（2009）の知識提供動機の研究では、外的調整は知識提供行動に負の影響を、取り入れ的調整は正の影響を、同一化的調整の側面も含んだ内発的動機は強い正の影響を与えている

ことが明らかにされた。さらに、塩村・松岡（2005）やBarbuto and Story（2011）の動機と組織市民行動との関係の分析結果から、自己の内面的な価値観に基づく動機は組織市民行動を促進するのに対し、承認を期待した動機は組織市民行動を促進しないと考えられた。先述したように、この2つの結果を知識提供の文脈の有機的統合理論に当てはめた場合に、価値を内在化した同一化的調整は知識提供を促進する一方で、承認に関係する取り入れ的調整は知識提供を促進しないと考えることができた。

これらの先行研究や議論から、知識提供動機に有機的統合理論を応用した場合、知識提供の価値を理解することで動機づけられる同一化的調整は知識提供を促進する可能性が高いものの、他の動機については意見が分かれる。ただ、創造性の要求される場面では、報酬や評価に基づく外発的動機よりも内発的動機の方が創造性を促進させる傾向が確認されている（Pink, 2009; 櫻井, 2009）。本章では、知識を対象とした比較的創造性を必要とする作業場面を想定していることから、外的調整や取り入れ的調整は知識提供を促進せず、内発的動機は知識提供を促進する可能性がある。したがって、以下の仮説が提案される。

**仮説1**：外的調整は知識提供行動を促進しない。
**仮説2**：取り入れ的調整は知識提供行動を促進しない。
**仮説3**：同一化的調整は知識提供行動を促進する。
**仮説4**：内発的動機は知識提供行動を促進する。

## 3.2 組織内自尊感情と知識提供動機

Pierce et al.（1989）は、組織内自尊感情の研究から、組織内自尊感情が内発的職務動機などを促進することを明らかにした。また、向日（in press）は、知識提供動機に影響を与える要因として組織内自尊感情の概念に注目して分析を行なった結果、組織内自尊感情が内発的知識提供動機を介して知識提供を促進する一方、組織内自尊感情は外発的知識提供動機には影響を与えないことを

明らかにした。また、この研究では組織内自尊感情の規定要因についても検討しているが、個人の真の自尊感情と随伴的自尊感情の双方が組織内自尊感情に影響を与えていることが明らかにされ、組織内自尊感情は自己の基準に基づく「これでよい」という側面と、他者の基準に基づく「とてもよい」という側面があると考えられている。

組織内自尊感情の議論では、個人は現状の組織内自尊感情を維持するために行動すると考えられていた（Pierce et al., 1989）。そのため、個人の組織内自尊感情が自己の基準に基づく「これでよい」という自尊感情である場合には、自己の基準に従って自尊感情を維持するように行動すると考えられることから、自己の関心に基づいた内発的動機や、自己の価値観に基づいた同一化的調整に従った行動が生じる可能性がある。また、個人の組織内自尊感情が他者の基準に基づく「とてもよい」との自尊感情である場合には、他者の評価に従って自尊感情を維持し、行動すると考えられ、周囲の評価を懸念した取り入れ的調整に従った行動が生じる可能性がある。これに対し、義務感のみに基づく外的調整は、外部からの報酬や罰則などの圧力に基づく動機であることから、自尊感情の高低に関係なく外部の圧力により規定されると思われ、その結果、組織内自尊感情と外的調整との間には関係がみられないことが予想される。これらから、以下の仮説が提案される。

**仮説5**：組織内自尊感情は外的調整に影響しない。
**仮説6**：組織内自尊感情は取り入れ的調整を高める。
**仮説7**：組織内自尊感情は同一化的調整を高める。
**仮説8**：組織内自尊感情は内発的動機を高める。

## 3.3 組織特性と組織内自尊感情、知識提供動機

組織内自尊感情の研究から、組織の特性と従業員の動機や行動との関係を組織内自尊感情が媒介している可能性が指摘された（Pierce et al., 1989 ; Pierce and Gardner, 2004 ; Bowling et al., 2010）。また、知識共有の規定要因に関する

研究から、自律性と知識共有の関係を自己効力感や組織内自尊感情が媒介している可能性が想定された（Cabrera et al., 2006; Welschen et al., 2012）。そして、向日（in press）は、組織の信頼関係と自由な雰囲気は組織内自尊感情を高め、組織内自尊感情が内発的知識提供動機を促進することを明らかにしている。一方、組織内部の競争を刺激する報酬は、知識提供を促進するという結果（e.g., Cabrera et al., 2006; Lee et al., 2006）と、知識提供を促進しないという結果（e.g., Bock et al., 2005; Lin, 2007a）がみられる。

　上記の仮説5から8で、組織内自尊感情から知識提供動機への影響を想定していることから、組織内自尊感情が組織特性と知識提供動機との関係を媒介していると想定した場合、組織特性が組織内自尊感情に影響を与えているとも想定される。

　先述したように、先行研究では組織内における信頼関係や自由な雰囲気が組織内自尊感情を促進していることが明らかにされている（向日, in press）。一方で、内部競争と組織内自尊感情との関係は定かではない。ただ、内部競争は、自己の能力に自信のある人では組織内自尊感情を高める可能性があるが、能力に自信のない人では組織内自尊感情を抑制する可能性があり、それらの影響が相殺された結果、全体的には内部競争は組織内自尊感情には影響を与えないことが想定される。また、内部における過当競争は個人の報酬や評価を目当てとした行動を促し、知識提供にとってマイナスであるといった指摘もあり（von Krough et al., 2000）、内部競争が外的調整や取り入れ的調整を直接に高める可能性がある。これらから、以下の仮説が提案される。

**仮説 9**：信頼関係は組織内自尊感情を高める。
**仮説10**：自由な雰囲気は組織内自尊感情を高める。
**仮説11**：内部競争は組織内自尊感情に影響しない。
**仮説12**：内部競争は外的調整を高める。
**仮説13**：内部競争は取り入れ的調整を高める。

以上の仮説を整理すると、図8.1のように示すことができる。

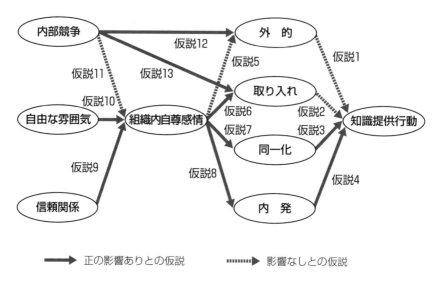

図8.1 仮説

## 4. 研究方法

### 4.1 調査方法

他章と同様に、ネットリサーチ業者に依頼し、従業員10名以上の株式会社の正社員で知識労働に従事しているモニターに対してアンケート調査を実施した。調査時期は2014年2月で500名からアンケートを回収した。回答者の内訳を表8.1に示すが、業種は製造業、職種は研究・開発・技術、勤続年数は15年以上、年齢は40代と50代、性別では男性が多くなっている。

### 4.2 尺度

調査に用いた質問項目を表8.2に示す。これらの質問は、すべて5段階（5点：そう思う〜1点：そう思わない）のリッカートスケールとなっている。

表8.1　回答者の内訳

| 業種 | 人数 | % | 職種 | 人数 | % |
|---|---|---|---|---|---|
| 製造業（企業向け） | 145 | 29.0 | 営業・販売 | 107 | 21.4 |
| 製造業（消費者向け） | 61 | 12.2 | 研究・開発・技術 | 137 | 27.4 |
| 卸売業（企業向け） | 13 | 2.6 | 総務・人事 | 31 | 6.2 |
| 卸売業（消費者向け） | 4 | 0.8 | 財務・経理 | 18 | 3.6 |
| 卸売業（総合商社・各種商品） | 13 | 2.6 | 企画・マーケティング | 31 | 6.2 |
| 小売業 | 25 | 5.0 | 広告・デザイン | 10 | 2.0 |
| ソフトウェア・情報処理業 | 61 | 12.2 | 事務職 | 31 | 6.2 |
| サービス業（企業向け） | 51 | 10.2 | 管理職 | 92 | 18.4 |
| サービス業（消費者向け） | 55 | 11.0 | 会社経営・役員 | 11 | 2.2 |
| その他 | 72 | 14.4 | その他 | 32 | 6.4 |
| **従業員数** | | | **勤続年数** | | |
| 10〜49人 | 69 | 13.8 | 1年未満 | 18 | 3.6 |
| 50〜99人 | 41 | 8.2 | 1年〜3年未満 | 36 | 7.2 |
| 100〜299人 | 98 | 19.6 | 3年〜5年未満 | 39 | 7.8 |
| 300〜999人 | 96 | 19.2 | 5年〜10年未満 | 80 | 16.0 |
| 1,000〜4,999人 | 93 | 18.6 | 10年〜15年未満 | 89 | 17.8 |
| 5,000〜9,999人 | 39 | 7.8 | 15年以上 | 238 | 47.6 |
| 1万人以上 | 64 | 12.8 | **性別** | | |
| **年齢** | | | 男性 | 427 | 85.4 |
| 20代 | 25 | 5.0 | 女性 | 73 | 14.6 |
| 30代 | 117 | 23.4 | | | |
| 40代 | 175 | 35.0 | | | |
| 50代（60才を含む） | 183 | 36.6 | 合計 | 500 | 100.0 |

## (1) 知識提供動機

「知識提供動機」に関しては、岡田・中谷（2006）が作成した、有機的統合理論に基づく学習動機の項目を参考に、知識提供場面を想定した項目を作成するとともに、向日（2010）による知識提供動機の項目も加え、因子分析（最尤法、プロマックス回転）により質問項目を絞り込んだ。最終的に、16項目からなる4つの因子が抽出された（表8.3）。

表8.2　質問項目

**知識提供動機**
あなたが職場で知識（仕事で有益な経験やノウハウ）を他の従業員に提供する理由についてお答えください

**外的調整**
①金銭的な報酬を得るため
②会社が奨励するため
③知識を提供しないと周囲の人がうるさいため
④周囲の人から知識を提供するように言われるため
⑤知識を提供することは規則のようなもののため
⑥周囲の人が当たり前のように知識を提供しているため

**取り入れ的調整**
①自分の評判を高めるため
②周囲の人からほめてもらうため
③周囲の人に能力があると思われたいため

**同一化的調整**
①会社の成長につながるため
②私の持っている知識が他の社員にとって有益な知識のため
③自分の成長につながるため
④知識を提供することは私の大切な仕事のため

**内発的動機**
①知識を提供することが楽しいため
②人の役に立つことが楽しいため
③関心のある議論や質問があるため

**組織特性**
あなたの職場の様子や雰囲気についてお答えください

**信頼関係**
①お互いに助け合う雰囲気である
②社員が信頼しあっている
③職場の和を重んじている

**自由な雰囲気**
①自由な雰囲気である
②新しいものに挑戦できる雰囲気である
③自分の意見を表明しやすい雰囲気である

**内部競争**
①個人の成果が給与に反映される
②上司から個人の業績について説明がなされる
③社員間での競争が激しい

**組織内自尊感情**
あなたの職場での状況についてお答えください
①職場で必要とされている
②職場で信用されている
③職場で役に立つ
④職場で重要視されている
⑤職場では私に対する信頼がある
⑥職場で違いを生み出すことができる
⑦この職場の価値ある一員だ
⑧職場で協力的だ
⑨職場で手際がよい
⑩この職場の重要な一員だ

**知識提供行動**
あなたが職場で知識（仕事で有益な経験やノウハウ）を他の従業員と共有するときの姿勢や行動についてお答えください
①新しいことを学んだ場合、同僚にそれを教える
②知識を同僚と共有する
③私がしていることを同僚が知ることは大切だと思う
④通常、私がしていることを同僚に伝える

## 第8章 知識提供動機と組織内自尊感情

表8.3 知識提供動機の因子分析の結果

|  | 第1因子 | 第2因子 | 第3因子 | 第4因子 |
|---|---|---|---|---|
| 外的① | *0.620* | -0.118 | 0.205 | -0.065 |
| 外的② | *0.648* | 0.128 | -0.056 | 0.070 |
| 外的③ | *0.728* | -0.167 | 0.066 | -0.021 |
| 外的④ | *0.646* | 0.105 | 0.001 | 0.048 |
| 外的⑤ | *0.798* | 0.071 | 0.032 | -0.095 |
| 外的⑥ | *0.512* | -0.025 | -0.047 | 0.156 |
| 取り入れ① | 0.115 | 0.117 | *0.771* | -0.130 |
| 取り入れ② | 0.241 | -0.072 | *0.629* | 0.116 |
| 取り入れ③ | 0.089 | 0.006 | *0.782* | 0.078 |
| 同一化① | 0.135 | *0.762* | -0.054 | -0.108 |
| 同一化② | -0.115 | *0.722* | 0.003 | 0.040 |
| 同一化③ | -0.105 | *0.444* | 0.086 | 0.229 |
| 同一化④ | -0.005 | *0.757* | 0.074 | -0.035 |
| 内発① | 0.099 | 0.034 | -0.025 | *0.775* |
| 内発② | -0.169 | 0.261 | 0.100 | *0.562* |
| 内発③ | 0.259 | 0.239 | -0.118 | *0.408* |
| 累積寄与率 | 37.014 | 49.619 | 53.244 | 55.759 |

※手法は最尤法、バリマックス回転
※値は因子行列、斜体は値が0.4以上のものを示す

　第1因子には、「金銭的な報酬を得るため」、「会社が奨励するため」、「知識を提供しないと周囲の人がうるさいため」など、自身の外部の価値観のみに従った知識提供動機に関する項目が含まれおり、これは「外的調整」の因子と考えられる。第2因子には、「会社の成長につながるため」、「自分の成長につながるため」、「知識を提供することは私の大切な仕事のため」など、価値を認識した上での知識提供動機に関する項目が含まれていることから、「同一化的調整」の因子と考えられる。第3因子には、「自分の評判を高めるため」、「周囲の人からほめてもらうため」、「周囲の人に能力があると思われたいため」など、

価値を認めつつも、周囲の評価を懸念した動機に関する項目が含まれていることから、「取り入れ的調整」の因子と考えられる。第4因子には、「知識を提供することが楽しいため」、「人の役に立つことが楽しいため」、「関心のある議論や質問があるため」などの興味関心に基づいた項目が含まれていることから、「内発的動機」の因子と考えられる。これらの因子に従って尺度を構築した場合の尺度の信頼性をクロンバックの$\alpha$係数で検証したが、その結果、高い信頼性が確認された（表8.4）。

これらの因子間相関を求めたものを表8.5に示す。有機的統合理論に基づいた動機を測定した研究によると、各動機は近いものほど、相関関係が高くなるシンプレックス構造となることが示されている（e.g., 岡田・中谷, 2006;

表8.4　尺度の信頼性

| 尺度 | クロンバックの$\alpha$係数 |
| --- | --- |
| 外的 | 0.842 |
| 取り入れ | 0.887 |
| 同一化 | 0.778 |
| 内発 | 0.763 |
| 信頼・自由 | 0.879 |
| 内部競争 | 0.649 |
| 組織内自尊感情 | 0.938 |
| 知識提供行動 | 0.807 |

表8.5　知識提供動機の因子間相関

|  | 外的 | 取り入れ | 同一化 |
| --- | --- | --- | --- |
| 取り入れ | 0.698 |  |  |
| 同一化 | 0.360 | 0.267 |  |
| 内発 | 0.504 | 0.470 | 0.640 |

Vallerand and Bissonnette, 1992)。しかしながら、本章の結果は、完全なシンプレックス構造とはなっていない。その理由として、本章の尺度が有機的統合理論を反映していない可能性と、知識提供は学習などの動機と異なる傾向を示す可能性があり、今後研究を積み重ねて検証する必要がある。ただ、各因子に含まれる項目は、有機的統合理論の各動機の特徴を反映していることから、本章では、これらの因子を有機的統合理論に基づいた知識提供動機として捉える。

### (2) 組織特性

第5章で用いた項目を参考に「信頼関係」、「自由な雰囲気」、「内部競争」からなる項目を準備した。これらの項目を因子分析（最尤法、プロマックス回転）により分析をしたが、最終的に、9項目から構成される2つの因子が抽出された（表8.6）。第1因子は、「お互いに助け合う雰囲気である」、「社員が信頼しあっている」、「職場の和を重んじている」などの信頼関係に関する項目と、「自由な雰囲気である」、「新しいものに挑戦できる雰囲気である」、「自分の意見を表明しやすい雰囲気である」との自由な雰囲気に関する項目から構成されてい

表8.6 組織特性の因子分析の結果

|  | 第1因子 | 第2因子 |
| --- | --- | --- |
| 信頼関係① | 0.848 | -0.058 |
| 信頼関係② | 0.880 | -0.035 |
| 信頼関係③ | 0.791 | -0.106 |
| 自由な雰囲気① | 0.612 | -0.015 |
| 自由な雰囲気② | 0.547 | 0.212 |
| 自由な雰囲気③ | 0.749 | 0.010 |
| 内部競争① | 0.115 | 0.652 |
| 内部競争② | 0.202 | 0.569 |
| 内部競争③ | -0.244 | 0.622 |
| 累積寄与率 | 42.252 | 51.678 |

る。これらは、第5章や本章の仮説で想定された信頼関係と自由な雰囲気が合わさった因子となっており、「信頼・自由」に関する因子と考えられる。第2因子は、「個人の成果が給与に反映される」、「上司から個人の業績について説明がなされる」、「社員間での競争が激しい」などの項目から構成され、成果主義に基づく「内部競争」に関する因子と考えられる。これらの尺度の信頼性をクロンバックの $\alpha$ 係数で検討したが、内部競争で値がやや低くなっている（表8.4）。

### (3) 組織内自尊感情と知識提供行動

組織内自尊感情の項目は、Pierce et al.（1989）が開発したものを、Matsuda et al.(2011) が日本語に訳したものを用いる。また、知識提供行動は、van den Hooff and van Weenen（2004）が用いたものを向日（in press）が日本語に訳したものを用いる。これらは、それぞれ1次元の尺度であることからクロンバックの $\alpha$ のみによって信頼性を検証したが、高い信頼性が確認された（表8.4）。

## 4.3 分析方法

以上の尺度を用い、分析にはAmos 21.0を使用して、共分散構造分析によって仮説を検証する。初期の分析モデルでは、仮説に従ってパスを設定し、有意ではないパスを削除し、また修正指数に従いパスを追加し、最終的なモデルを求める。ただし、有機的統合理論における各動機の間には相関の存在が指摘されていることから、各動機の誤差変数間には、初期モデルから相関を設定しておく。

## 5. 分析結果

共分散構造分析の結果を図8.2に示す。モデルの適合度指標は、CFI = 0.893、RMSEA = 0.060、SRMR = 0.067であり、ある程度、適合したモデルといえる[2]。

## 図8.2 分析結果

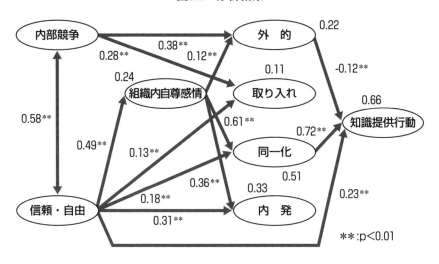

※動機の誤差変数の間に相関を想定しているが、その値は以下の通りである。
外的－取り入れ：0.8**、外的－同一化：0.32**、外的－内発：0.55**
取り入れ－同一化：0.27**、取り入れ－内発：0.54**、同一化－内発：0.73**

　外的調整は知識提供行動に負の影響を与えており、「仮説1：外的調整は知識提供行動を促進しない」は支持された。ただ、仮説で想定した以上に、外的調整は知識提供にネガティブな影響を与えている。取り入れ的調整は知識提供行動に影響を与えておらず、「仮説2：取り入れ的調整は知識提供行動を促進しない」も支持された。同一化的調整は知識提供行動に非常に強い正の影響を与えており、「仮説3：同一化的調整は知識提供行動を促進する」は支持された。一方、内発的動機は知識提供行動に影響を与えておらず、「仮説4：内発的動機は知識提供行動を促進する」は棄却された。

　組織内自尊感情は外的調整に正の影響を与えており、「仮説5：組織内自尊感情は外的調整に影響しない」は棄却された。また、組織内自尊感情は、取り入れ的調整には影響を与えておらず、「仮説6：組織内自尊感情は取り入れ的調整を高める」も棄却された。一方、組織内自尊感情は、同一化的調整、内発的動機には正の影響を与えており、「仮説7：組織内自尊感情は同一化的調整

を高める」、「仮説8：組織内自尊感情は内発的動機を高める」は支持された。

信頼・自由は組織内自尊感情に正の影響を与えており、「仮説9：信頼関係は組織内自尊感情を高める」、「仮説10：自由な雰囲気は組織内自尊感情を高める」は支持された。また、内部競争は組織内自尊感情に影響を与えていない一方、外的調整と取り入れ的調整に正の影響を与えていることから、「仮説11：内部競争は組織内自尊感情に影響しない」、「仮説12：内部競争は外的調整を高める」、「仮説13：内部競争は取り入れ的調整を高める」は支持された。

加えて、仮説では想定していない関係として、信頼・自由は取り入れ的調整、同一化的調整、内発的動機、そして知識提供行動に直接、正の影響を与えている。

## 6. 考察

### 6.1 知識提供動機と知識提供行動

分析の結果、外的調整は知識提供行動に負の影響を与え、取り入れ的調整と内発的動機は知識提供行動に影響を与えておらず、同一化的調整は知識提供行動に非常に強い正の影響を与えていた。

これらの結果は、動機を内発と外発に単純に二分化したときに、広義の内発的動機は知識提供行動を促進しているが、さらに細分化した場合、単に知識提供が楽しい、知識提供に関心があるという狭義の内発的動機は必ずしも知識提供行動を促進しない可能性を示している。逆に、知識提供そのものに関心はなくても、その価値を十分に理解している同一化的調整に基づいた場合、知識提供行動が大きく促進することを示している。近年、企業理念など、価値観を組織に浸透させることの重要性が注目されているが（高尾・王，2012）、本章の結果は、個人の動機に焦点を当てた場合にも、知識提供を促進する上で価値観の浸透が不可欠であることを表している。

一方、他者の評価を意識した取り入れ的調整は知識提供行動を促進せず、さらに報酬を意識した外的調整は知識提供行動を抑制する傾向があり、金銭や評

価によって知識提供を促すことには、効果を期待すべきではないことを示している。

## 6.2 組織内自尊感情と知識提供動機

　組織内自尊感情は取り入れ的調整に影響を与えていない一方で、外的調整、同一化的調整、内発的動機には正の影響を与えていた。特に、同一化的調整への影響が非常に強く、内発的動機にも強い影響を与えている。

　このことは、組織内自尊感情は、同一化的調整を刺激することを通して知識提供行動を促進することを示しており、組織の中における自己の価値を認めることで、個人の外部にある価値も受け入れていくことが容易になっているとも考えられる。自己の価値を認める自己受容に関する議論では、人は自己を受容し、信頼することで新たな挑戦ができるという考えがある（沢崎, 2010）。組織の中においても、従業員が自己を受容し、「これでよい」との自尊感情が高まることで、新たな価値観を受け入れ、積極的に知識提供に踏み出している可能性があり、組織内自尊感情は知識提供の意義を認識させる上で重要な役割を果たしていると考えられる。第6章では、組織に社外貢献の価値観が浸透している場合に組織内における知識の流通が活性化する可能性が示唆され、また第7章では、社外への貢献の想いは社内外の様々な関係から獲得されることが明らかにされた。このような社外への貢献に関する価値観の獲得や浸透においても、組織内自尊感情が影響を与えている可能性もあり、組織内自尊感情と価値観の獲得やそれに基づいた動機との関係をより詳細に分析することが期待される。

　一方、組織内自尊感情は内発的動機と外的調整も高めるが、これらの動機は知識提供行動を促進しないことから、知識提供の視点からは重要なパスとは考えられない。逆に、外的調整は知識提供を抑制することから、組織内自尊感情は外的調整を介して知識提供へ負の影響を与えることになる。ただし、この影響はかなり小さいものとなっている。また、精神的健康に対しては内発的動機がポジティブな影響を与えるともいわれており（e.g., Deci and Flaste, 1995; Pink, 2009, 櫻井, 2009）、知識提供とは異なるアウトプットの視点からみた場合にも、組織内自尊感情は重要な役割を担っていると考えられる。

## 6.3　組織特性と組織内自尊感情

　信頼・自由は組織内自尊感情、取り入れ的調整、同一化的調整、内発的動機、そして知識提供行動に直接、正の影響を与えている。また、内部競争は組織内自尊感情に影響を与えていない一方で、外的調整と取り入れ的調整に直接、正の影響を与えている。

　これらの直接の影響を踏まえて全体的にみると、信頼・自由は知識提供行動に対して直接的に、または組織内自尊感情や同一化的調整を介して間接的に影響を与えており、信頼関係や自由な雰囲気を持った組織風土は知識提供行動を促進する重要な規定要因といえる。このような風土の重要性はナレッジ・マネジメントの議論において主張されてきたが、本章の結果を通して、これらの因果関係を同一化的調整と組織内自尊感情が媒介していることが明らかにされた。このことは、組織としては、単に信頼関係や自由な雰囲気を築くだけでなく、組織内自尊感情や同一化的調整を高めることにも心を配る必要があることを示している。特に、何らかの制約で、上記のような組織を築くことができない場合に、従業員の自尊感情や動機に直接働きかけることが有効と考えられる。

　一方、内部競争は外的調整と取り入れ的調整に影響を与えており、特に外的調整を介して知識提供行動を抑制する働きをしている。この点から、内部競争は報酬目当ての行動や義務感に従った動機を促すことで知識提供にはマイナスの影響を与えており、知識提供の促進との視点からは内部競争は奨励されるものではない。ただし、内部競争と組織内自尊感情や同一化的調整との間には有意なパスがみられないことから、特定の人は競争環境においても、組織内自尊感情や同一化的調整が高まると思われ、これらの関係を調整する変数が存在する可能性がある。そのような変数を抽出するために、今後、層別に因果関係を分析することが期待される。

## 6.4　適用

　信頼・自由は組織内自尊感情、同一化的調整、そして知識提供行動に直接、正の影響を与えているという結果から、企業は知識提供を促進する上で、組織

の中に信頼感と自由な雰囲気を築くことが不可欠である。また、組織内自尊感情が同一化的調整を介して知識提供行動を促進しているという結果から、組織に根付いた風土や慣習から、信頼感や自由な雰囲気を築くことが難しい組織では、組織内自尊感情を高めることがつぎの施策として考えられる。先行研究では、個人の全般的な自尊感情が組織内自尊感情を高めるという指摘があることから（Pierce et al., 1989; 向日, in press）、自尊感情が高い人材を採用したり、従業員が私生活で多様な経験を積むことで自尊感情が高まるように支援することで、組織内における自尊感情も高まる可能性がある。また、効果的なリーダーの行動や組織的な支援が組織内自尊感情を高めるとの報告もあることから（Bowling et al., 2010）、上司が部下の人格を認めてフォローするなどの取り組みも有効と考えられる。

　さらに、同一化的調整が知識提供行動を直接促進するという結果がみられたことから、組織内自尊感情を高めることができない場合には、同一化的調整を刺激することで知識提供を促進させることができる。特に、同一化的調整は外部の価値観を理解して取り込むことであることから、組織は従業員に知識提供の意義や重要性を理解させることが必要であり、具体的な取り組みとして、研修やOJTなど価値観を共有する機会を設けることが考えられる。ただ、組織内自尊感情が同一化的調整へ与える影響が大きいことから、逆にいえば、従業員の人格を無視した形だけの研修やOJTは効果が得られにくい可能性もある。

　一方、内部競争が外的調整を介して知識提供行動を抑制していることから、成果主義などに基づき社員間の競争を刺激することは、知識提供の視点からは奨励されることではない。特に、金銭、命令、罰則などを用いて強制的に社員を競わせることは、知識の提供にマイナスに働く可能性が高い。本章における、内部競争と組織内自尊感情や同一化的調整との間に因果関係がないという結果は、内部競争が存在する状況であっても、組織内自尊感情や同一化的調整の高さを維持できる場合があることを意味している。知識提供のきっかけとしての競争、報酬、命令は必要であるが、それとともに個人の人格を認め、また知識提供の意義を伝える努力が必要となる。また、上司や同僚からの評価により知識提供を促すことも考えられるが、取り入れ的調整が知識提供行動に影響して

いない結果がみられたことから、このような取り組みの効果も疑わしい。すでに報酬、命令、相互評価などに基づく成果主義を導入している企業では、従業員の組織内自尊感情や同一化的調整の水準に配慮する必要がある。

## 6.5 研究課題

本章では、組織内自尊感情が同一化的調整を介して知識提供行動に強い影響を与えていることが明らかになった。この部分の関係に知識提供の重要な過程が隠されている可能性があり、さらに、この部分の因果関係を詳細に分析することが期待される。たとえば、企業において理念の浸透の重要性が議論されているが（高尾・王, 2012）、この因果関係の詳細が明らかになることで、個人レベルでの理念の浸透のプロセスとその意義がより明確になると考えられる。

一方、内部競争から組織内自尊感情や同一化的調整には直接の関係がみられなかったが、特定の属性の人々には因果関係が存在するとも考えられ、組織や個人の特性などに基づいて層別に分析することで、内部競争からの影響を調整する要因が明らかにされる可能性がある。近年、アメリカの影響を受け、一部の日本企業で成果主義を導入しているものの、成功する企業と失敗する企業が存在しており、上記の調整要因を明らかにすることで、効果的な成果主義の導入施策が提案されることが期待される。

その他の課題として、尺度の問題が挙げられる。知識提供動機についてはシンプレックス構造が確認されなかったことから、この尺度が明確に有機的統合理論を反映しているかは定かではなく、継続的な研究が期待される。また本章では、知識提供行動については主観的な項目のみを用いていることから、今後、他者による知識提供行動の評価など、より客観的な尺度を用いることも考えられる。

# 7. おわりに

本章では自己決定理論に従い知識提供動機を細分化するとともに、組織特性が組織内自尊感情と知識提供動機を介して知識提供行動に与える影響を検討す

ることを目的とした。そして、組織の信頼関係、自由な雰囲気、内部競争が、組織内自尊感情と、知識提供動機の外的調整、取り入れ的調整、同一化的調整、内発的動機を介して知識提供行動に与える影響について分析し、以下のような結果が得られた。

1）同一化的調整が知識提供行動を促進し、外的調整が知識提供行動を抑制する。
2）組織内自尊感情が外的調整、同一化的調整、内発的動機を高める。
3）信頼関係と自由な雰囲気から構成される組織特性が、組織内自尊感情、取り入れ的調整、同一化的調整、内発的動機を高め、また知識提供行動を促進する。
4）内部競争は外的調整と取り入れ的調整を促進する。

知識提供行動の促進の視点から、これらの関係を、以下のようにまとめることができる。

5）信頼関係と自由な雰囲気から構成さる組織特性が、直接的に、または組織内自尊感情と同一化的調整を介して間接的に知識提供行動を促進する。
6）内部競争が外的調整を介して知識提供行動を抑制する。

これらの結果から、企業は組織内で信頼関係や自由な雰囲気を築くとともに、組織内自尊感情や、同一化的調整を高めることに配慮すべきであり、成果主義は知識の提供を抑制する側面があるため、導入及び運用に注意すべきであると考えれる。

### 注

1）組織内自尊感情と知識提供行動の記述は向日（in press）を参考にした。
2）Hooper, Couglan and Mullen（2008）は、適合の判断基準をCFI≧0.95、RMSEA≦0.07、SRMR≦0.08としているが、Marsh et al.（2004）は、CFI≧0.9でもよいと解

釈している。通常、適合度指標としてGFIや、GIFを自由度に従い調整したAGFIが用いられることが多いが、豊田（2002）は、観測変数が30以上の場合、GFIの値を参考にせず、他の指標で判断すべきだと指摘している。本章では39の観測変数を用いていることから、GFIとAGFIを判断に用いないこととした。

# 第9章

# 事例分析

## 1. はじめに

　第4章から第8章で、アンケート調査に基づき、人間関係、組織特性、組織内自尊感情、知識提供動機と、知識創造や知識共有との関係を分析した。これらの分析から、特定の知識共有や知識創造の規定要因が明らかにされたものの、これらの調査はネットモニターを対象としたアンケート調査であり、サンプルとなった従業員を取り巻く実態はデータから推測せざるをえず、具体的な実態が把握しにくいという問題がある。そのため、データ分析で得られた結果を基に、実際の企業の取り組みを分析することを通して、データ分析の結果を掘り下げて検討することが期待される。

　そこで本章では、まず第4章から第8章の結果を確認するとともに、それらの結果からさらなる検証課題を明確にし、実際の企業の事例分析を通して考察を深める。

## 2. データ分析のまとめと検証課題

　第4章から第8章の主な分析結果を表9.1と図9.1に示す。

### 2.1　第4章の結果

　第4章においては、橋渡し型と結束型のソーシャル・キャピタルと知識創造の各プロセスとの関係について検討することを目的とし、仕事における社内／

表9.1 第4章から第8章までの主な結果

| 説明変数 | 共同化 | 表出化 | 連結化 | 内面化 | 顧客志向の知識提供（企業社会貢献高） | 顧客志向の知識提供（企業社会貢献低） | 顧客志向の知識提供（個人社会貢献高） | 顧客志向の知識提供（個人社会貢献低） | 顧客志向の知識提供（個人社会貢献低） |
|---|---|---|---|---|---|---|---|---|---|
| 仕事社内関係 | 0.35 | 0.18 | 0.20 | 0.18 | 0.09 | 0.08 | -0.02 | 0.04 | 0. |
| 仕事社外関係 | -0.06 | 0.16 | 0.11 | 0.09 | 0.16 | 0.14 | 0.19 | 0.11 | 0. |
| 対面 | 0.16 | 0.17 | 0.22 | 0.25 | | | | | |
| 電子 | 0.09 | 0.19 | 0.11 | 0.09 | | | | | |
| 友人知人関係 | 第4章の結果 | | | | 0.01 | 0.00 | -0.06 | 0.05 | -0. |
| 家族関係 | | | | | 0.11 | 0.14 | 0.10 | 0.16 | 0. |
| 信頼関係 | 0.25 | 0.09 | 0.03 | 0.04 | 第6章の結果 | | | | |
| 自由な雰囲気 | 0.10 | 0.16 | 0.17 | 0.18 | | | | | |
| 外部への対応 | 0.13 | 0.09 | 0.15 | 0.11 | | | | | |
| 内部競争 | 0.02 | -0.02 | -0.03 | -0.03 | | | | | |
| 組織内自尊感情 | 第5章の結果 | | | | | | | | |
| 外的調整 | | | | | | | | | |
| 取り入れ的調整 | | | | | | | | | |
| 同一化的調整 | | | | | | | | | |
| 内発的動機 | | | | | | | | | |

※値は標準回帰係数（第7章はパス係数）
※濃い網掛けはp＜0.01、薄い網掛けはp＜0.05

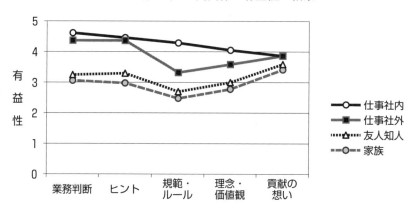

図9.1 第7章、人間関係の有益性の結果

| 仕事の質(業務指示) | 仕事の質(ヒント) | 仕事の質(規範・ルール) | 仕事の質(理念・価値観) | 仕事の質(貢献の想い) | 組織内自尊感情 | 外的調整 | 取り入れ的調整 | 同一化的調整 | 内発的動機 | 知識提供 |
|---|---|---|---|---|---|---|---|---|---|---|
| 0.22 | 0.27 | 0.21 | 0.23 | 0.22 | | | | | | |
| 0.02 | 0.01 | 0.08 | 0.04 | 0.08 | | | | | | |
| -0.03 | -0.08 | 0.01 | 0.00 | 0.09 | | | | | | |
| 0.11 | 0.12 | 0.05 | 0.04 | -0.03 | | | | | | |
| | | | | | 0.49 | - | 0.13 | 0.18 | 0.31 | 0.23 |
| | | | | | - | 0.38 | 0.28 | - | - | - |
| | | | | | | 0.12 | - | 0.61 | 0.36 | - |
| | | | | | | | | | | -0.12 |
| | | | | | | | | | | - |
| | | | | | | | | | | 0.72 |
| | | | | | | | | | | - |

（左側ブロック：第7章の結果／右側ブロック：第8章の結果）

　社外の人間関係と対面／電子コミュニケーションが、知識創造プロセスの共同化、表出化、連結化、内面化に与える影響について分析し、以下の結果が明らかにされた。

1）社内関係は、知識創造の各プロセスを促進するが、特に共同化に与える影響が大きい。
2）社外関係は、表出化、連結化、内面化を促進するが、共同化を抑制する。
3）各プロセスの促進に与える影響は、社内関係が社外関係よりも大きいが、その差は共同化で非常に大きく、他のプロセスでは小さくなっている。
4）対面コミュニケーションは、知識創造の各プロセスを促進する。

5）電子コミュニケーションは、知識創造の各プロセスを促進する。
6）各プロセスの促進に与える影響は、共同化、連結化、内面化では対面が電子よりも大きいが、表出化では同じである。

以上の結果は、各知識創造プロセスによって適切な関係やコミュニケーションが異なることを意味しており、プロセスに応じて適切なソーシャル・キャピタルを築くことが必要であることを示している。特に、共同化の促進を期待するのであれば、社内の人間関係や対面コミュニケーシが重要であるが、表出化では、社内と社外の関係や、対面と電子のコミュニケーションのすべてが同等に重要である。

## 2.2 第5章の結果

第5章においては、ソーシャル・キャピタルに関する組織特性と知識創造の各プロセスとの関係について検討することを目的とし、組織の信頼関係、自由な雰囲気、外部変化への対応、内部競争が、共同化、表出化、連結化、内面化に与える影響について分析した。そして、以下の結果が得られた。

1）信頼関係は共同化と表出化を促進するが、特に共同化に与える影響が大きい。
2）自由な雰囲気は知識創造の各プロセスを促進するが、共同化への影響は弱い。
3）外部変化への対応は知識創造の各プロセスを促進するが、表出化と内面化への影響は弱い。
4）内部競争は知識創造の各プロセスに影響しない。

以上の結果は、第4章と同様に、知識創造のどのプロセスを重視するかで必要とされる組織特性が異なることを示しており、またプロセスに応じて組織の環境を整える必要があることも示している。特に、共同化を促進するためには、信頼関係のある組織風土を築きつつも、外部変化を意識したオープンな風土が

好ましいと考えられる。これに対し、表出化と内面化を促進するためには自由な風土、連結化を促進するには自由でオープンな風土が好ましいと考えられる。

## 2.3　第6章の結果

　第6章においては、仕事や私生活の人間関係と、顧客志向の知識提供との関係を検討することを目的とし、仕事関連の社内と社外の人間関係、私生活の友人知人や家族との人間関係が、顧客志向の知識提供行動に与える影響を分析し、以下の通りの結果が得られた。

1）仕事社内関係、仕事社外関係、家族関係は顧客志向の知識提供を促進する。
2）男性は女性に比べて、仕事社内関係の影響が強い。
3）営業・販売職は研究・開発・技術職に比べて、仕事社外関係の影響が強い。
4）社外に貢献する姿勢を持つ企業で働く従業員は、そうでない従業員に比べて、仕事社内関係の影響がやや強い。
5）社外に貢献する姿勢を持つ従業員は、そうでない従業員に比べて、仕事社内関係の影響がやや弱い。

　以上の結果は、企業内で従業員の顧客志向の知識提供行動を促進するためには、仕事関連の社内や社外の人間関係とともに、家族との人間関係が重要であることを示している。さらに、人間関係の影響は、性別、職種、組織や個人の社外貢献姿勢によって異なることを示しているが、特に、社外貢献の価値観が浸透している組織において、貢献する姿勢の乏しい従業員に対して、社内の人間関係が重要となる可能性を示唆している。

## 2.4　第7章の結果

　第7章においては、仕事における知識獲得場面に有益な人間関係を明らかにすることを目的とした。そして、業務に直接関係するメイン知識（業務判断知

識やヒント）、仕事に関係する職務メンタル・モデル（規範・ルールや理念・価値感）、仕事に関係しない職務外メンタル・モデル（貢献の想い）の獲得場面において、仕事関連の社内と社外の人間関係や、私生活の友人知人や家族との人間関係の有益性を検討し、以下の結果が得られた。

1）メイン知識の獲得には、仕事社内関係と仕事社外関係が活用される。
2）職務メンタル・モデルの獲得には、仕事社内関係が活用される。
3）職務外メンタル・モデルの獲得には、仕事社内関係と仕事社外関係が活用されるが、友人知人関係や家族関係も他の知識の獲得に比べると活用される傾向がある。
4）メイン知識の獲得に仕事社内関係と家族関係が活用されるときに、仕事の質が向上する。
5）職務メンタル・モデルと職務外メンタル・モデルの獲得に仕事社内関係が活用されるときに、仕事の質が向上する。

これらの結果から、職務外メンタル・モデルを獲得するには、仕事の人間関係だけでなく、私生活の人間関係も有効であり、また仕事の質の向上には、仕事の社内の人間関係とともに、家族との人間関係からメイン知識を獲得することも有効であり、今まで注目されていなかった家族との人間関係が知識の獲得に貢献していることが示された。

## 2.5　第8章の結果

第8章では、自己決定理論に従い、知識提供動機を細分化するとともに、組織特性が組織内自尊感情と知識提供動機を介して知識提供行動に与える影響を検討することを目的とした。そして、組織の信頼関係、自由な雰囲気、内部競争が、組織内自尊感情と、知識提供動機の外的調整、取り入れ的調整、同一化的調整、内発的動機を介して知識提供行動に与える影響について分析し、以下のような結果が得られた。

1）同一化的調整が知識提供行動を促進し、外的調整が知識提供行動を抑制する。
2）組織内自尊感情が外的調整、同一化的調整、内発的動機を高める。
3）信頼関係と自由な雰囲気から構成される組織特性が、組織内自尊感情、取り入れ的調整、同一化的調整、内発的動機を高め、また知識提供行動を促進する。
4）内部競争は外的調整と取り入れ的調整を促進する。

知識提供行動の促進の視点からは、これらの関係を、以下のようにまとめることができた。

5）信頼関係と自由な雰囲気から構成される組織特性が、直接的に、または組織内自尊感情と同一化的調整を介して間接的に知識提供行動を促進する。
6）内部競争が外的調整を介して知識提供行動を抑制する。

これらの結果から、企業は組織内で信頼関係や自由な雰囲気を築くとともに、組織内自尊感情や、同一化的調整を高めることに配慮すべきであり、成果主義は知識の提供を抑制する側面があるため、導入及び運用に注意すべきであると考えられる。

## 2.6　検証課題

上記のような分析結果が得られたものの、それらの分析はネットリサーチ業者のモニターを対象としたサンプルであることや、尺度や結果の信頼性の問題など、アンケート調査の制約から、以下のように、いくつか不明確な点が挙げられる。

### (1) 結束型と橋渡し型ソーシャル・キャピタルの共存

第4章及び第5章から、結束型と橋渡し型のソーシャル・キャピタルが果たす役割が異なることから、双方のソーシャル・キャピタルの共存が重要である

ことが示された。また双方のソーシャル・キャピタルが独立した次元であることから、双方の共存が可能であることが示された。ただ、具体的に双方がどのように共存し、またどのような効果をもたらすのかは、データから想像するには限界があり、事例を通しての検証が期待される。

### (2) メンタル・モデルと共通基盤

第6章では、社外貢献の姿勢が浸透した組織において、仕事関連の社内関係を通して顧客志向の知識が流通する傾向が弱いながらも確認されたものの、その影響は統計的には小さいものであった。さらに第7章では、仕事関連の社内の関係を通してメイン知識とともに、職務メンタル・モデル、職務外メンタル・モデルが獲得されるとともに、社内の関係を通しての知識の獲得が仕事の質の向上につながっていることが確認されたものの、尺度の問題から、多様な分析の必要性が指摘された。そこで、職務メンタル・モデルや職務外メンタル・モデルが、社内においてどのように共有され、またどのように組織に影響を与えているかを明確にすることが期待される。

### (3) 家族との人間関係

第6章では、家族との人間関係が顧客志向の知識提供に影響を与えることが明らかにされた。また第7章では、家族との関係が職務外メンタル・モデルの獲得に活用される傾向がみられたとともに、家族との関係を通してのメイン知識の獲得が仕事の質の向上に影響を与えることが明らかにされた。ただ、このような結果が得られた理由については推測の域を出ておらず、家族との関係が知識の獲得や提供に、具体的にどのような影響を与えているかを明確にすることが期待される。

### (4) 組織内自尊感情と同一化的調整

第8章では、組織内自尊感情が同一化的調整に強い影響を与え、それが知識提供につながっていることが明らかにされた。このことから、組織で自己の価値を認めることが、異なる価値観の受け入れにつながる可能性が示唆された。

しかし、先行研究が乏しいことから、組織内自尊感情と同一化的調整との間に、具体的にどのような関係が存在するのかを検証することが期待される。

これらの疑問を具体的に検証するために、以下では4つの企業に対して事例の分析を行なう。

## 3. 未来工業株式会社

### 3.1 企業概要

未来工業株式会社（以下、未来工業と略す）は、スイッチボックスなどの電気設備資材の生産を中心として事業を展開しており、1965年設立、本社は岐阜県にあり、名証2部に上場しており、2014年3月現在、資本金7,068百万円、従業員数1,136名（連結）、売上高352億円（連結）である。未来工業の特徴として、終身雇用、年功給、従業員の自主性の尊重、年間140日を超える休暇、残業なしの1日7時間15分労働など、従業員にやさしい労働環境となっている一方で、徹底的な顧客のニーズの吸い上げ、高い製品開発力、高経常利益率等、高い知的生産性が挙げられる。これらの特徴的な取り組みは、元社長の故・山田昭男氏の下で生まれた。

自由な組織風土、ワーク・ライフ・バランスの実現、高い知的生産性など、データ分析で取り扱った変数に関係する組織の特徴を有していることから、事例の対象として選定した。インタビューは、2008年8月に総務部長に、2010年3月と12月に山田昭男氏に対して実施した[1]。

### 3.2 企業の取り組み

#### (1) 差別化

スイッチボックスなどの電気設備資材は規格が決まっており、独自性を出すのが難しい製品であることから、未来工業は小さな工夫で他社と差別化を図ることを試みている。たとえば、ネジを締める必要のある製品に対して、最初か

らネジ穴にネジをはめておくなど、施工の手間を省く工夫を製品に組み込むよう努力している。また、電気コードを隠すカバーは、かつてはグレーのものしかなかったが、様々な色のものを揃えることで施工者のニーズに応えていった。このような小さな工夫で差別化を図るために、社是に「常に考える」を掲げ、他社と同じことをしないように考えることを従業員に求めている。

　また、QCサークルや提案制度などを設け、1つの提案に対して500円の報酬を支払っている。ある従業員からの提案が現場で実用化された場合に、その現場にその従業員の提案に基づく改善である旨の説明を掲示するなど、有益な提案に対する情報のフィードバックを提供している。その結果、提案した本人だけでなく周囲の従業員も提案制度の意義を理解し、報酬目当てではなく現場に貢献するために、自発的に有益な提案をするようになっている。

### (2) 顧客を感動させる

　また未来工業では、差別化を具現化した言葉として、「顧客を感動させる」ことを掲げている。営業マンには営業ノルマを課していないが、これは営業マンに対して、売ることではなく、顧客のニーズに応えるために顧客の声を聞くことを求めているためである。一方、製造の現場では「ホウレンソウ（報告・連絡・相談）」を禁止している。これは、営業マンが集めてきた顧客のニーズを製品に組み込むために、上層部への報告なしに、現場で考えて判断し、顧客からの要望があった製品を開発、生産できるようにするためである。また、これには上司の顔色をうかがうことなく、失敗を恐れずに挑戦するように促す意味もある。結果、顧客の声がすぐに製品として反映され、顧客からの信頼の獲得と固定客の確保につながっている。

### (3) 社員を感動させる

　さらに、未来工業では、「顧客を感動させる」ためには「社員を感動させる」ことが不可欠と考え、差別化の実現と併せて、他社に先立って労働環境の改善に取り組んでいる。その取り組みの一例として、1日7時間15分の勤務時間、残業の禁止、年間140日の休日などの労働時間の短縮、年功序列と終身雇用や

長期の育児休暇制度などによる雇用の安定が挙げられる。勤務時間は、以前は8時間であったが、本社が市街地から郊外に移転する際に、通勤時間が長くなる従業員が多くなったことから、従業員の声に耳を傾け、勤務時間を短くした。また、残業は無駄と考え、元社長の山田氏は自ら終業時間になると社内の電気を消して回った。これらの制度の導入にあたっては、山田氏の「労働環境が良くなれば従業員はより集中して良い仕事をしてくれる」という性善説に立った従業員への信頼が背景にあった。

## 3.3 取り組みの解釈

　未来工業の取り組みを図示したものが図9.2である。これらの取り組みの元になっているのが、企業存続のための「差別化」の姿勢であり、ここから「顧客を感動させる」、「社員を感動させる」、「常に考える」という考えが生まれているが、これらは目的、理念、価値観などの「メンタル・モデル」に該当する。

　また、「提案の奨励」と「適切なフィードバック」に基づく意義を理解しての自発的な提案は、「同一的化調整」による行動と思われる。さらに「営業が顧客の声を拾う」ことで得たアイデアを、「ホウレンソウの禁止」に基づいて素早く製品化することは、「外部変化への対応」に基づく「社外関係」で得られた知識を「自由な雰囲気」の下で提供していると解釈できる。

　「社員を感動させる」ために「従業員を信頼」し、「短労働時間や終身雇用」などが導入され、従業員はそれに応答して行動しているが、ワーク・ライフ・バランスや低い「内部競争」など、経営者からの信頼に基づいた働きやすい環境の提供が、組織内における「信頼関係」や、自分は会社に大切にされているという「組織内自尊感情」につながり、従業員の自発的な行動につながっている可能性がある。

　未来工業では、働きやすい環境が提供されているものの、そこで従業員が甘えないのは、「社員を感動させる」という企業の方針の背景に、「差別化」、「顧客を感動させる」、「常に考える」といった価値観である顧客志向の「メンタル・モデル」が存在し、それを従業員が共有し、「共通基盤」が築かれているためだと考えられる。そして、その価値観を自己の価値観として取り込んだ従業員

図9.2 未来工業の解釈

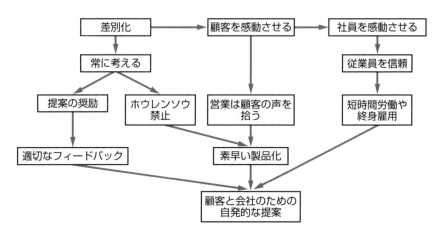

が、「同一化的調整」に基づき、「顧客、企業、同僚のために」という思いで、アイデアを提案し、また働いていると想定される。

## 4. DOWAホールディングス株式会社

### 4.1 企業概要

　DOWAホールディングス株式会社（以下、DOWAと略す）は、1937年に設立された同和鉱業株式会社を前身としたDOWAグループの持ち株会社で、主な事業は、非鉄金属製錬業、環境・リサイクル事業などである。本社は東京都に所在し、東証1部に上場しており、2013年3月現在、資本金36,437百万円、従業員数約5,500名（連結）、売上高4,439億円（連結）である。

　以前、DOWAは、国内の鉱山から産出された鉱石を製錬し、非鉄金属を生産していたが、海外から安い金属が輸入されるに従い経営状態が悪化し、さらにバブル期の市場を無視した多角化の推進がバブル崩壊後に経営の負担となった。吉川廣和氏（現名誉相談役、元社長）が専務に就任した1999年から、吉川氏が中心となり、事業のリストラ、組織の構造改革、オフィスの自由席化の導

入等の大幅な改革を実施し、組織内外のコミュニケーションの活性化に取り組み、経営状態が大幅に改善した。

オフィスの自由席化に代表される自由な風土とコミュニケーションの活性化は、本書におけるデータ分析の結果と関係が深いことから、事例分析の対象とした。インタビューは、2010年9月にDOWAの総務部門・法務部門担当部長に、また2013年3月にグループ企業である株式会社エコリサイクルのリサイクル部門リーダーに対して実施した[2]。

## 4.2 企業の取り組み

### (1) 構造改革

バブル崩壊後に展開した無理な多角化により経営状態が悪化する中、吉川氏はこのままでは会社が倒産するとの危機感から、赤字事業や将来性のない事業からの撤退を進めた。それ以前、会社の中では赤字に関わる財務データが隠されていたが、それらを開示し、常にデータに基づいて撤退の理由を社内で説明し続けた。

また組織内における風通しの悪さの原因として、官僚化した古い体質の組織風土があると考え、組織風土の改革に取り組んだ。改革の手始めとして、本社機能をスリム化するために、本社のフロア面積を強制的に6割程度にし、オープンな組織にするために部署別に割り当てられていた部屋の壁を取り払った。役員は役員室の壁を取り払うことに抵抗したが、休日に強制的に壁を壊すなど、徹底した取り組みにより組織のオープン化を社内に示した。

さらに給与体系は成果主義を取り、またグループ企業を格付けすることで、従業員やグループ内において市場原理が働くようにした。

### (2) ノンテリトリアル・オフィスの導入

オープン化のさらなる具現化として、ノンテリトリアル・オフィス（ノートパソコンやPHSを利用し、好きな席で仕事をするオフィス）の導入が挙げられる。持ち株会社とグループ企業の本社社員400名が、壁のないワンフロアに入ることができるビルに本社オフィスを移転した。そこではグループ企業を含

めて完全自由席で、社員はノートパソコンとPHSを持ち、好きな席に座って仕事をすることができ、関連会社の社長も個室がなく、社員と同じ空間で仕事をすることとなった。持ち株会社の社長と会長には個室の部屋が設けられているが、その部屋の入り口には大きなスライド式の扉が設置され、通常はその扉が開かれたままであることから、オフィスとの一体感が確保されている。

また、フレックスタイム制を導入し、空間とともに時間においても自由な環境になっている。さらに、同じフロアに休憩室を設け、そこでは仮眠を許可しているが、これは、過度な仕事の量を社員に求めるのではなく、仕事の質を求めているためである。

### (3) 社外へのオープン化

上述した構造改革では、市場の将来性に基づき改革を進めることで、社内に市場の変化に柔軟に対応する意識を植え付け、社外に対して耳を傾ける組織の土壌を作った。たとえば、IR情報に関しては詳細に説明するように変更し、株主総会においても質疑応答集の作成をやめ、すべての質問に誠実に対応することを心がけるようになった。また廃品リサイクル施設を建設する際には、住民の不安に耳を傾けるとともに、施設に関して時間をかけて包み隠さず説明することを通して、住民の不安を取り除くようにした。また、継続的な地域への説明にも取り組んでおり、たとえばグループ企業の家電リサイクルを業務としている子会社のエコリサイクルでは、年に1回の地域への説明会を開催している。

## 4.3 取り組みのポイント

DOWAの取り組みを図示したものが図9.3である。「存続の危機」を乗り越えるために構造改革を行なっているが、その1つの取り組みとして「脱官僚化組織」が挙げられる。部署間の物理的な「壁を壊す」こと、そして「ノンテリトリアル・オフィスの導入」を通して、社内の透明性を高めた「社内コミュニケーションの活性化」は、「自由な雰囲気」をもたらすことで、知識の提供を促す取り組みといえる。

もう1つの取り組みとして、「事業のリストラ」が挙げられる。事業をリストラする際には、「市場とデータに基づいた説得」を実施し、株主や地域への丁寧な説明を通して透明性を高めることで、「株主や地域にオープンな企業」になることは、「外部変化への対応」などに基づいて「社外関係」を築き、外部のニーズを収集している取り組みといえる。

DOWAでは、市場原理に基づく「事業のリストラ」や「部門と個人への成果主義」の導入といった取り組みがなされていることから、「内部競争」がある程度激しい組織と思われる。ただ、上述したように、取締役も含めた聖域のない、またデータに基づいた一貫した社内／社外の透明性を高める取り組みを通して、社会、同僚、企業への貢献との「メンタル・モデル」が共有され、共通基盤が築かれていることから、社員は競争の意義を納得して受け入れ、社会、同僚、企業のための自発的な行動が生じているとも考えられる。

図9.3　DOWAホールディングスの解釈

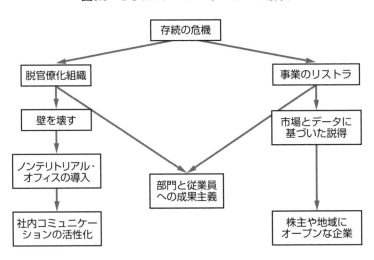

# 5. エイベックス株式会社（切削研削加工業）

## 5.1 企業概要

　切削研削加工業の「エイベックス株式会社」（以下、エイベックスと略す）は、1949年創立、本社を名古屋市に置き、2013年6月現在、資本金10百万円、従業員数303名（パート含む）、売上高37億円で、高精度小物精密切削や研削加工により自動車関連部品などを生産している。経営の目的として「社員の一人ひとりが成長した分、会社は発展する」ことを掲げ、理念として「『良品を生産』することを追求し社会にとって『役に立つ企業』として努力する」ことを定めている。目的と理念に従い、後述するように、従業員を資産と考え、個人のスキルを重視した会社運営を行なっており、従業員の組織内自尊感情が高い組織と考えられることから、分析の対象とした。インタビュー調査は、2013年5月及び9月に、エイベックスの会長（前社長）の加藤明彦氏に対して実施した[3]。

## 5.2 企業の取り組み

### (1) 従業員のスキルの向上

　エイベックスの大きな特徴の1つに、「『加工屋』でなく『鍛冶屋』に」との言葉の下、製造現場の従業員が、単に加工のために機械の操作をするのではなく、自ら機械のメンテナンスを行なうスキルを身につけるように育成している点が挙げられる。たとえば、故障した中古の設備を安価に購入し、従業員の手でオーバーホールして可動させている。このような作業を若手の従業員が熟練の従業員とともに行うことで、メンテナンスのスキルが伝承されている。そして、従業員は、モノづくりの面白さや深さを体験するとともに、自分でも設備をメンテナンスすることができるという自信を持つことにつながっている。また一人で様々な加工ができるように多能工化を図っており、このこともまた、従業員が自分のスキルに自信を持つことにつながっている。

　さらに、エイベックスは、個人のスキルの向上により、製造や経営に関する

賞を受賞するに至っている。これらの結果、従業員は自社に対して、そして個人に対して自信を持つことができるようになった。また、中小企業に就職した場合、「就職活動に失敗した」というような意識を持っている従業員も少なくないが、エイベックスでは、スキルを持つことで、また自社が社会から認められることで、自信を持つことにつながっている。

　このような取り組みの結果、設備費を抑えることにより価格競争力を高めるとともに、単に製品を加工するだけでなく、設備の知識に基づいた加工や製品の提案が可能になり、そのことが新たな取引先の開拓につながっている。また多能工化により、柔軟な生産が可能となったことから、育児休暇や有給休暇が取りやすくなり、ワーク・ライフ・バランスの推進にもつながっている。

### (2) 従業員の成長

　上記のように、エイベックスが個人のスキルに投資する背景には、「社員の成長した分、会社は発展する」との考え、そして人は費用ではなく、資産に相当するものという認識がある。リーマンショックの際には、受注量が減少したにもかかわらず、賃金カットや人員削減を行なわなかった。銀行から、賃金カットや人員削減を要求されたものの、銀行に対して、今までの人材育成の取り組みを説明することで銀行が納得し、賃金カットや人員削減なしで融資を受けることができた。その結果、従業員は「自分が会社に必要とされている」と感じることができ、また、受注の減少により生産にゆとりができた現場においては、従業員が自発的に、設備のオーバーホール、改善活動や営業活動に取り組むことにつながった。そして、受注量が回復してきた際には、十分な人材と改善された生産環境の下、生産量を延ばし、過去最高の売上高を記録することに至った。

　また、エイベックスでは、従業員の潜在意識を引き出すことを重視し、従業員一人ひとりを1つの人格として、言い換えれば、人を人として認めるとの思いに立ち、従業員の評価においても個別の目標管理によって個人の成長を促している。以前は、人事考課においては、社長の判断に基づく一元的な目標管理による相対評価によって従業員を評価していたが、能力の高い従業員は能力を

認めてもらえないとの不満を持ち、一方、能力が低い従業員は目標が高いために未達成となり、自信を失うという悪循環に陥っていた。そこで、従業員の潜在的能力を引き出すために、人事考課においては、多数の評価者からの絶対評価に基づき個人を評価するとともに、考課とは切り離して、目標管理としてスキルマップを用いて一人ひとりの能力に見合った目標設定を行ない、個人が自己の成長を確認することができるようにした。その結果、従業員が達成感や満足感を感じることで自信を持つことができるようになった。

### (3) 経営者の姿勢

　以上のエイベックスにおける取り組みの背景には、経営者の姿勢と経験が大きく影響している。創業者は自前化を大切にし、創業時から社員自ら道具を製作するなどしていた。伊勢湾台風で設備が水没した際にも、社員らがオーバーホールに取り組んだが、そのことがオーバーホールの技能の蓄積という副次的効果をもたらした。

　その後、創業者から二代目として会社を引き継いだ加藤氏は、最初はトップダウン的な経営を進めていたものの、会社の業績は横ばいの状況が続いた。そのような中、ある本を読むことを通して問題の責任を従業員に押し付けていたことに気づき、従業員の意見に耳を傾ける姿勢に切り替えたところ、従業員から意見が出てくるようになり、従業員の成長に手ごたえを感じるようになった。その経験を踏まえ、会社の方針はトップが示すとともに、現場とのコミュニケーションにおいてはベクトルを合わせることを重視し、具体的な計画は現場に任せるスタイルに切り替えていった。また、現場との打ち合わせにおいては、常に「なぜ」と問いかけ、現場に考えることを促すように心がけている。その結果、現場では、自発的な行動や部署を超えた協力が生まれ、そのことがリーマンショック時における従業員の自発的な改善や営業活動などにつながっていった。

## 5.3 取り組みの解釈

エイベックスの取り組みを図示したものが図9.4である。インタビューの際に加藤氏は度々「自信」という言葉を用いており、従業員に自信を持たせること、つまり自尊感情を高めることに心を配っている様子がうかがわれた。

創業者の「自前化の姿勢」を通して、従業員が設備の「オーバーホール」をし、また「多能工化」が進み、従業員一人ひとりに「スキルが蓄積」することで「人材の成長」につながり、従業員は自身の能力に基づいた「組織内自尊感情」を高めていると考えられる。一方、加藤氏の「従業員の声に耳を傾ける姿勢」に基づいた「従業員に考えさせる」こと、「信頼して仕事を任せる」こと、また報酬と切り離した「個別の目標管理」を通して「人材の成長」につながっているが、従業員は個人として信頼され、また個別の人格として認められていることを通して「組織内自尊感情」が高まっていると考えられる。そして、「不況時の雇用維持」を通して、従業員は自発的な改善活動や営業活動を行なっているが、これは会社に必要とされていることを実感することで「組織内自尊感情」が高まり、自発的な行動が生まれたと解釈できる。

図9.4　エイベックスの解釈

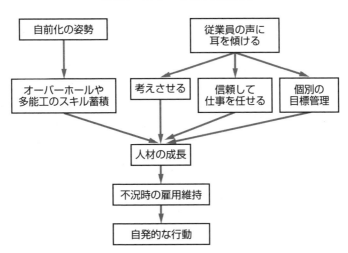

これらの関係の背後には、創業者の「自前化」と、経営者である加藤氏の「従業員の声に耳を傾ける」という姿勢の変化が挙げられるが、そのような「メンタル・モデル」が上記の取り組みを通して共有されることで、「組織内自尊感情」が高まり、自発的な知識共有や仕事への取り組みが実現していると考えられる。

## 6.　サイボウズ株式会社

### 6.1　企業概要

　「サイボウズ株式会社」（以下、サイボウズと略す）は、IT系の企業で東京都に本社を置くが、1997年に設立され、webベースのグループウェアを中心に成長した。2013年12月現在、資本金613百万円、従業員数409名（連結）、売上高5,197百万円（連結）である。現在もグループウェアの提供を中心としているが、単にソフトを納入するだけではなく、それらを活用したワークスタイルの提案にも取り組み、自社のwebサイト上ではチームワークに関する情報も積極的に発信している。

　サイボウズを選定した理由として、ワーク・ライフ・バランスに関する多様な人事制度を導入しながら従業員のモチベーションを高めており、仕事と育児の両立を通して家庭との接点を持っている従業員が多く在籍している点が挙げられる。さらに、知識共有のツールであるグループウェアを開発しているとともに、自らグループウェアを活用しつつ知識の共有を図っている点が挙げられる。インタビュー調査は、2012年4月及び2014年4月に広報担当者に、2014年3月に出産・育児を経験した女性従業員3名に対して実施した[4]。この3名は、マーケティング系で新規顧客に接する人、マーケティング系で購入済み顧客に接する人、経理系で直接顧客に接することのない人であった。また、この3名はともに、ワーク・ライフ・バランス型の人事制度や在宅勤務制度を活用しつつ、仕事と家庭の双方に深く関わる経験を持っている。

## 6.2 企業の取り組み

　かつて、サイボウズでは、年間の離職率が28％に達したことから、「より多くの人が、より成長して、より長く働ける環境を提供する」ことをポリシーとして、従業員が働きやすい環境作りに舵を切った。その一環として、ワーク・ライフ・バランス制度の充実が挙げられる。2006年には男女問わず取得が可能な最長6年間の育児・介護休暇制度を導入し、2007年には選択型人事制度を導入した。この選択型人事制度はワーク重視型、ワーク・ライフ・バランス型、ライフ重視型を選択し、また切り替えることができる制度で、従業員がライフスタイルに合わせた働き方を選択できるものである。現在、この制度は、自由な場所での勤務の比率との組み合わせにより9つの働き方から選択できる制度になっている。その他、在宅勤務制度や、退職後に復帰が可能な育自分休暇制度（35才以下対象）、副業許可といった多様な制度を導入し、従業員の視野を広げることを支援するとともに、男性社長である青野慶久氏自らも育児休暇を利用するなど、制度の浸透を図っている。このような取り組みの結果、離職率は4％に低下した。

## 6.3 インタビュー概要

　以下では、家族との関係が知識獲得や提供に与える影響を検証するために、多様な人事制度を活用しつつ育児を通して家族との接点を持った3名のインタビューを紹介する。

### (1) 職場における行動の変化
まず、育児の経験を通しての職場における行動の変化が挙げられた。

### ① 他者への接し方の変化
　職場における行動の変化としては、以下のように、まず他者への接し方への変化が挙げられた。

- 小さな子どもに何かをさせるときに強制させるのではなく選択させる、という経験を通して、新人や顧客に接するときにも一方的に提案するのではなく、選択肢を与えるように変化した。
- 育児は思い通りにいかないが、その経験を通して人に対して寛容になってきた。
- 相手が何を考えているのか、ということを意識するようになった。
- 夫婦で余裕がない状況で、協力しながら育児をする中で、男性の合理的な視点を学んだ。

これらの発言に共通しているのは、「相手を受け入れ、相手の目線に立った接し方ができるようになった」点である。

② 仕事の進め方の変化
つぎに、仕事の段取りや進め方に関する変化が挙げられた。

- 育児休暇に伴う仕事の引継ぎ経験を通して、仕事を整理、平準化し、自分で抱えるのではなく、他人に任せて分け合うことができるようになった。
- 選択のスピードが速くなり、きっちりするようになった。
- 会社自体、ワーク・ライフ・バランス制度導入後、属人的な仕事の進め方から、極力、仕事をシェアする、協力する、穴を埋め合うことができる環境に変化した。

限られた時間の中で、自分がやる仕事と他人に任せる仕事を分別し、他人に仕事を任せることができるようになったとともに、自分の仕事はより責任を持ってするようになり、やるべきことと任せることとのメリハリをつけることができるようになったことが大きな変化といえる。

## (2) 製品、サービスにつながるアイデアやヒント

　上記した、働き方の意識の変化による職場における行動の変化は、既存のワーク・ライフ・バランスの研究でも報告されている内容であるが、以下のように、直接、製品・サービスに関係するアイデアやヒントが得られたという意見がみられた。

- 在宅勤務の経験を通して、会社でしかできない業務と在宅でできる業務がわかるようになり、それが顧客への在宅勤務に対するアドバイスにつながる。
- 在宅勤務をする中で、「こんな仕組みがあると良いのではないか」と思いついたアイデアを社内のアイデア・データベースへ投稿する。
- 自社製品で高齢者、若いけれども仕事がない人、介護従事者などの在宅勤務の支援ができると考えている。
- 保育園の父母との関係で、今まで会う機会のなかった業界の人と話す機会があり、顧客と接する上でヒントとなった。

　サイボウズの場合、グループウェアの導入だけではなく、ワークスタイルの提案も行なっており、育児を機会に在宅勤務を経験したことが、製品・サービスに関するアイデアにつながっている。また、育児を通した多様な人との接点も、製品・サービスに関係するアイディアやヒントの獲得につながっている。

## (3) 自身の内面の変化

　以上のような行動の変化やアイデアの獲得の背景として、個人の内面の変化に関する意見が多くみられた。

- 以前は仕事の評価が自分の評価と考えていたが、育児を通して、仕事だけが大切ではないと気づき、仕事に対する余裕ができて、肩の力を抜いて仕事を考えることができるようになった。
- 以前はキャリア志向で、育児休暇後、育児休暇を取った人と思われたく

ないと思って頑張ろうとしていたが、育児休暇後に希望と異なる部署に配置される中、一直線でキャリアアップすることが自分のためなのか、改めて自分を見つめ直し、自分が興味を持って楽しく、人の役に立って喜んでもらえる仕事をしたいと思うようになった。
・子どもができて仕事に制約ができた後、再度自由になりつつある中で、新たなキャリアプランを考えるようになった。
・一度、仕事から離れてリセットされたときに、改めて、無駄なものをしないという選択肢を自分で選べた。
・いい意味であきらめることができるようになったが、単に捨てているのではなく、視界が広がった。
・育児でも、理想論や溢れる情報に左右されず、自分に合ったシンプルな育児ができた。
・育児と仕事を両立できたことが自信につながった。

これらの意見に共通している点として、一旦仕事から離れることで、自身、仕事、育児を客観視し、自分に合った生き方、働き方、育児の方法を選ぶことができているという点が挙げられる。

### (4) 会社の取り組みへの応答
上記のような内面の変化が生じた背後には、以下の意見にみられるように会社の制度や、それがもたらした育児を支援する組織風土が挙げられる。

・育児に対して周りの理解があり、受け入れてもらえていると実感。
・会社が自分に寛容であるので、自分も寛容になってきた。
・会社が自分たちをいろいろ支援してくれていることに対して、恩返しをしたい。

会社全体で育児に従事している従業員を受け入れることで、従業員は安心して育児に従事し、仕事、育児、そして自身を客観的に見つめることができ、大

切なものを選択するとともに、自身が選んだ道において積極的に仕事に取り組むことにつながっている。

### (5) 知識の提供

以上のような、育児を通しての行動や意識の変化、アイデアの獲得が知識提供行動に与える影響について尋ねたが、行動や意識の変化よりもアイデアの獲得や元来の組織風土の影響が強いようである。

- 育児を通しての知識提供に対する意識の変化は、さほどない。
- 育児休暇によって、出会う人が変化して、新たな知識が手に入り、その知識を社内に提供するようになった。
- 社内への知識共有や顧客第一が奨励されていた元々の社風の影響が大きい。

育児による意識の変化よりも、育児をきっかけに得た知識の方が知識提供行動に影響を与えているようであり、育児そのものが知識源になっている可能性がある。ただ、育児で獲得した知識を提供するには、組織の風土が不可欠となるようである。サイボウズでは、昔から知識を共有する風土が根付き、また情報技術が整備されているため、育児を通して他の従業員や顧客に有益であると思われるアイデアが得られれば、アイデア・データベースへ投稿するなどの共有行動に結びついている。

## 6.4 取り組みの解釈

サイボウズの取り組みを図示したものが図9.5である。高い離職率の下で人材と知識の流出の危機感から、「離職率を低下させる」ために「成長し長く働ける職場」を目指し、多様で柔軟なワーク・ライフ・バランス関連の制度を導入した。その制度の下、従業員は会社が「多様な生き方と働き方を受容」しているという確信を持つことで「自信を持って育児と仕事の両立」に関わり、「育児を通して内面、経験、関係」の変化を体験している。その結果、「仕事の進

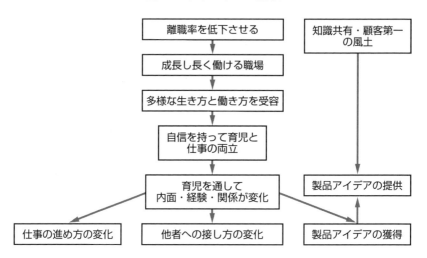

図9.5　サイボウズの解釈

め方の変化」、「他者への接し方の変化」が生じるとともに、「製品アイデアの獲得」と「製品アイデアの提供」が生じている。また元来、サイボウズが持っていた「知識共有と顧客第一の風土」に基づいて、「製品アイデアの提供」がなされている。

　これらは、ワーク・ライフ・バランス制度を通して、従業員が会社に受け入れられているという「組織内自尊感情」を持ち、育児にも関わることによる経験から、「メイン知識」、「職務メンタル・モデル」、「職務外メンタル・モデル」を獲得し、それを「自由な雰囲気」、「社外貢献」の風土の下で社内に提供していると解釈できる。

　サイボウズの場合、状況に合わせてライフ重視型やワーク重視型を選択することができる柔軟な制度が従業員に安心感を与えている点が挙げられ、それが仕事だけではなく、子育てにも波及している様子が注目される。組織内における自尊感情が私生活にも影響を与えているとともに、そのような環境ゆえに、従業員が育児から得たものを社内に流すことができるとも考えられる。また、「多様な生き方と働き方」との「メンタル・モデル」が組織内で共有されていることが大きな基盤になっていると考えられる。

## 7. 考察

### 7.1 メンタル・モデルに基づく共通基盤とソーシャル・キャピタル

　これらのケースから、価値観であるメンタル・モデルが共有されていることで共通基盤が築き上げられている様子がうかがわれる。第2章で紹介したように、Cohen and Prusak（2001）は、ソーシャル・キャピタルを「人々のあいだの積極的なつながりの蓄積によって構成される。すなわち、社交的ネットワークやコミュニティを結びつけ、協力行動を可能にするような信頼、相互理解、共通の価値観、行動」と定義した。共通基盤が築かれた人間関係は、価値観に基づいたソーシャル・キャピタルが築かれた状況ということができる。

　これらのケースにおいて共有されているメンタル・モデルの1つとして、「企業の存続」というメンタル・モデルが挙げられる。未来工業では、その取り組みの背景に「差別化」のメンタル・モデルが存在し、それが共通基盤として従業員の間に浸透しているために、従業員が甘えずに自発的に行動していると考えられた。またDOWAでは、一貫性のある改革の下で「存続の危機」のメンタル・モデルが共通基盤として共有されているために、厳しいリストラをくぐり抜けた従業員が組織の枠を超えて活発にコミュニケーションを取るようになっている。両メンタル・モデルに共通するのは「企業の存続」との側面であり、このメンタル・モデルに基づく共通基盤が存在するゆえに、従業員が同じ目的に基づき一致しつつ、自発的に有益な提案やコミュニケーションを取ることができると考えられる。

　また、共有されているもう1つのメンタル・モデルとして、「社外への貢献」が挙げられる。未来工業では、「顧客を感動させる」という共通基盤が築かれることで、顧客からの声の収集や素早い製品化が実行されている。DOWAでは市場とデータに基づく改革を通して、社外に貢献する必要性が社内に浸透し、社外に対しての透明性を高めることにつながっている。これらのメンタル・モデルには「社外への貢献」という共通点があるが、このようなメンタル・モ

デルに基づき共通基盤が築かれることで、従業員が同じ目的に基づき一致しつつも社外と接点を持ち、そこで獲得した知識が組織内に伝わることにつながっている。

　未来工業とDOWAの事例から、「企業の存続」のメンタル・モデルと「社外への貢献」のメンタル・モデルの双方が重要になると考えられる。もし企業の存続のみが重視された場合、自社の利益や組織内における既得権益が優先され、その結果、閉鎖的で硬直的な組織になってしまう危険性がある。いわゆる、結束型のソーシャル・キャピタルがもたらすネガティブな影響が現れる危険性がある。これに対し、社外への貢献の価値観のみが重視された場合、個人や現場が、企業の利益や全体的な最適化を無視し、自分の顧客のみを優先することで、組織がバラバラになり、拡散化が進む危険性がある。いわゆる、橋渡し型のソーシャル・キャピタルのネガティブな面が顕在化する可能性がある。

　第6章の分析では、社外に貢献する姿勢を持つ企業では、社内における顧客志向の知識の流通を活性化させる可能性が指摘され、企業の「社外への貢献」のメンタル・モデルの重要性が示唆されたが、これらの事例から「企業の存続」のメンタル・モデルもまた重要であることが示唆される。

　以上のことは、結束型のソーシャル・キャピタルの下で、どのようなメンタル・モデルが共有されているかで、そのソーシャル・キャピタルが閉鎖化をもたらすのか、開放化をもたらすのかが規定される可能性を示している。ソーシャル・キャピタルやネットワークの議論においては、関係の強度や関係の構造が議論される傾向にあったが、この結果は、ソーシャル・キャピタルで共有される価値観が重要であることを示している。

## 7.2　組織内自尊感情と同一化的調整

### (1) 組織特性と組織内自尊感情

　第8章では、信頼関係や自由な雰囲気が組織内自尊感情を高めることが示されたが、本章の事例からも組織の取り組みが組織内自尊感情に影響を与えている様子がうかがえる。エイベックスの事例では、自前化、多能工化により能力を高めること、また報酬と切り離した個別の「目標管理」により従業員一人ひ

とりを個別の人格として認めること、さらに不況時にリストラしないことにより従業員の必要性を訴えることなどを通して、従業員の組織内自尊感情が高まったと考えられる。また、未来工業では、実用化された提案に対する説明の掲示により貢献を伝えること、従業員を信頼してホウレンソウを禁止すること、働きやすい環境を提供することなどを通して、組織内自尊感情が高まったと考えられる。さらに、サイボウズのように多様な働き方を認めることも、組織内自尊感情の向上につながった可能性がある。

このように、第8章で示されたように、従業員を信頼することや自律性を尊重することで組織内自尊感情が高まるとともに、第8章では検討しなかった、従業員の能力や貢献を適切に認識させることや、従業員の多様性を認めることを通して従業員に「受容されている」という認識を持たせることでも、組織内自尊感情が高まると考えられる。

### (2) 組織内自尊感情と同一化的調整

第8章では、組織特性の影響を受けた組織内自尊感情が、同一化的調整を高めることを通して知識提供を促進することが明らかにされたが、本章の事例からもそのような影響を読み取ることができる。エイベックスの事例では、リストラなしで不況を乗り切る際、「自分たちは会社に必要とされている」と感じた従業員が、不況のために仕事にゆとりができた現場で、自発的に設備のオーバーホールや改善活動、営業活動などに取り組んだ。また、サイボウズでは、従業員が自分の働き方や生き方が受け入れられていることを実感することで、現状において自分ができることを、自信を持って選び、自分が選んだ道で積極的に仕事や育児に取り組むようになった。

これらの事例は、組織内自尊感情が高まったときに、やるべきことの意義や価値を理解して、自発的に行動に移している様子を示している。第8章の考察でも述べたように、人は自己を受容し、信頼することで新たな挑戦ができるという考えがある（沢崎，2010）が、これらの事例は自己が組織によって受け入れられていることの認識を通して自己を受容することで、自信を持って新たな挑戦をし、経験を積んだり関係を広げたりしているケースと考えられる。

なお、未来工業では実用化された提案に対して説明を掲示することで、従業員は提案制度の意義を理解し、自然と報酬目当ての提案が減り、有益な提案が増えている様子がみられた。これは他者の行動やその行動への評価を通して、自身の中に価値を内在化する過程といえ、組織内自尊感情以外の要因で同一化的調整が進む1つのケースといえる。

## 7.3　家族との人間関係

第6章では、家族との人間関係が顧客志向の知識提供行動につながっており、また第7章では、家族との人間関係が社会への貢献の想いの獲得に用いられるとともに、家族との人間関係が仕事のアイデアの獲得に用いられるときに仕事の質が向上する傾向がみられた。そのため、家族との関係が有益な知識の獲得と提供につながる可能性が示唆されたが、サイボウズの事例からその様子を読み取ることができる。

サイボウズでは、ワーク・ライフ・バランスの制度を用いて仕事と子育ての両立を経験することで、「相手の目線に立った接し方ができるようになった」、「やるべきことと任せることとのメリハリをつけることができるようになった」、「在宅勤務の経験や育児を通した多様な人間関係が、製品等のアイデアやヒントの獲得につながった」という意見がみられた。この背景には、先述した、多様な働き方が受け入れられているという組織内自尊感情に基づく、積極的な仕事や育児に対する姿勢の存在があり、このような姿勢での仕事や育児を通して、多様なアイデア、ヒントが得られている。

サイボウズの事例からは、家族との関係が直接、知識の伝達の役割を果たしているとは言い難いが、家族との関係を重視して家族に関わることで、企業内では得られない知識が得られた事例といえる。特に、サイボウズの場合、グループウェアの導入を中心としたIT系の企業であり、その製品と育児とは接点が少ないと思われるが、育児の経験が直接的なアイデアやヒントにもつながっている。第6章で触れたように、ワーク・ライフ・バランスなどの施策によるダイバシティ・マネジメントの実施により、多様な視点や知識を持つ従業員が増えることで、知識の触発が生じる可能性が指摘されていたが（白石, 2010）、

サイボウズでは、まさにこのような知識の触発が生じているといえよう。

また上述したように、「社外への貢献」とのメンタル・モデルの重要性が明らかにされたが、そのメンタル・モデルの獲得に育児経験が影響を与えていると考えられる。サイボウズで育児と在宅勤務を経験した従業員は、その経験から相手の視点や顧客の視点に立つことを学んでいた。企業が真の意味で社会貢献を目指すのであれば、従業員と家庭との接点が増えるように支援することが必要である。

## 7.4　経営者の姿勢

以上、第4章から第8章の分析結果に従って考察したが、分析では扱っていなかった点で事例から読み取れることとして経営者の姿勢が挙げられる。

未来工業では、山田氏が性善説に基づき、部下を信頼して従業員にやさしい、また自律性を促す多くの制度を導入した。山田氏が部下に一任できた理由の1つとして、山田氏が経営者になる以前に劇団を運営していた経験が挙げられる。演劇では幕が上がれば役者にすべてを一任しなければならないという経験が、このような任せる経営スタイルに影響を与えているともいわれている（朝日新聞, 2006）。

またDOWAでは、吉川氏が聖域のない構造改革を、財務や市場のデータを示しつつ、一貫性のある、ブレない姿勢で実施したことが大きい。その背後には、このままでは会社の存続が危うくなるとの危機感の存在と、その危機の原因が閉鎖的、硬直的な官僚的組織にあるとの信念があった。

エイベックスでは、創業者の自前化を大切にした姿勢が土台にあったとともに、二代目である加藤氏の従業員の声に耳を傾ける姿勢への方向転換が企業の成長へとつながった。この方向転換は、加藤氏がある本を通して問題の責任を従業員に押し付けていたことに気づいたことが大きなきっかけとなっている。

サイボウズでは、創業時から存在していた知識共有の風土があったものの、高い離職率が問題となったことから、「より多くの人が、より成長して、より長く働ける環境を提供する」ことを目指して方向転換した。この背景には社長の青野氏の知識流出に対する危機感があったとともに、青野氏自ら育児休暇を

取ることを通して、ワーク・ライフ・バランスの重要性を経験したことも大きい。

組織文化の研究では、組織文化の源泉は経営者にあることが指摘されている（Schein, 1985）。また動機における研究では、教師や上司が内発、外発のどちらの動機で動いているかが、生徒や部下がどちらの動機で動くかを左右するとの指摘がある（Deci and Flaste, 1995）。上記の事例は、経営者の企業、従業員、顧客に対する価値観が具体的な姿勢として現われることで、それが職務メンタル・モデルとして従業員に共有され、組織の共通基盤となり、従業員の自発的な知識共有などの行動を活性化させることを示している。知識共有のための基盤を築き、知識共有を活性化させる上で、経営者の姿勢が大きな規定要因になっていると考えられる。

## 8. おわりに

本章では、第4章から第8章までの分析結果を参考にしつつ事例を分析し、データ分析の結果の考察を深めるとともに、データ分析では不明瞭であった点についても考察した。その結果、以下のことが明らかにされた。

1) 社内の関係において「企業の存続」のメンタル・モデルと「社外への貢献」のメンタル・モデルの双方が共有されているときに、社外との関係が築かれ、社外から知識が流入する。
2) 個人の能力を高めること、個別の人格を認めること、貢献を伝えること、信頼すること、働きやすい環境を提供すること、多様な働き方を認めることなどを通して組織内自尊感情が向上する。
3) 自己が組織によって受け入れられていることの認識を通して自己を受容することで、自信を持って新たな挑戦に取り組む。
4) 経営者の姿勢が、組織内の知識共有を活性化させるための大きな規定要因になっている。

**注**

1) 未来工業の事例は、インタビューとともに山田（2010）を参照した。
2) DOWAホールディングスの事例は、インタビューとともに吉川（2007）を参照した。
3) エイベックスの事例には、インタビューとともに以下のサイトを参考にした。
「エイベックス60年の歩み／AVEX60周年社史」
http://www.avex-inc.co.jp/memory/（2015年2月18日）
4) サイボウズの事例には、インタビューとともに以下のサイトを参考にした。
「ワークスタイル／企業・IR情報／サイボウズ株式会社」
http://cybozu.co.jp/company/workstyle/（2015年2月18日）

# 終章

## 1. 本書で得られた知見

　序章で述べたように、本書では、近年の知識社会において、集団主義への回帰、多様性の重視、動機づけ要因の変化、働きやすい職場環境への関心など、日本企業を取り巻く環境の変化を踏まえて、企業組織における知識の共有や創造の規定要因に注目した。第1章では、ナレッジ・マネジメントや知識の概念を検討したが、ナレッジ・マネジメントの規定要因を検討する上で人間関係や、人々の間でメンタル・モデルを共有して共通基盤を築くことが重要であることが指摘された。第2章では人間関係を資本として捉えたソーシャル・キャピタルの概念を概観したが、特にソーシャル・キャピタル概念を組織の問題に適用することで、結束型／橋渡し型のソーシャル・キャピタルや、社内／社外のソーシャル・キャピタルの知識共有への影響に関する知見が得られることが期待された。第3章ではこれらの期待に基づき、研究の課題を明示したが、以下ではこれらの課題に従い、本書で得られた知見を考察する。

### 1.1　ソーシャル・キャピタルと知識創造との関係

　まず、ソーシャル・キャピタルと知識創造との関係について提示された、「課題1：結束型と橋渡し型ソーシャル・キャピタルが、知識創造プロセスの共同化、表出化、連結化、内面化に与える影響の検討」について考察する。

#### (1) 結果の概要

　第4章では、結束型の側面の強い関係として社内の人間関係や対面コミュニ

ケーション、橋渡し型の側面の強い関係として社外の人間関係や電子コミュニケーションを取り上げ、これらが知識創造の各プロセスへ与える影響を比較した。その結果、たとえば、共同化へは社内の人間関係や対面コミュニケーションが強い影響を与えているが、表出化では社内と社外の関係や対面と電子のコミュニケーションすべてが同等の影響を与えており、連結化と内面化においても、表出化に近い傾向があることが明らかにされた。

また第5章では、結束型の側面の強い組織特性として信頼関係を、橋渡し型の側面の強い組織特性として、自由な雰囲気、外部変化への対応、内部競争を取り上げ、これらが知識創造の各プロセスへ与える影響を比較した。その結果、共同化へは、信頼関係が強い影響を与え、外部変化への対応も一定の影響を与えていることが明らかにされた。これに対し、表出化と内面化へは自由な雰囲気、連結化へは自由な雰囲気と外部変化が一定の影響を与えていることが明らかにされた。

これらの結果をまとめると、共同化には特に社内の人間関係、信頼関係が強い影響を与えているのに対し、他のプロセスには様々な関係や組織特性が影響を与えているといえる。このことから、特に共同化では結束型のソーシャル・キャピタルが有効であるが、他のプロセスでは様々なソーシャル・キャピタルを活用することが有効であると考えられる。

加えて、第6章では、社外に貢献する姿勢を持つ企業で働く従業員は、そうでない従業員に比べて、社内の関係が知識提供を促進する傾向があり、また社外に貢献する姿勢を持たない従業員は、その姿勢を持つ従業員に比べて、社内の関係が知識提供を促進する傾向があった。このことは、個人や組織の持つ社外への貢献姿勢が結束型のソーシャル・キャピタルの影響を左右する可能性を示唆している。

以上の結果は、結束型と橋渡し型双方が重要であり、また両者の共存環境を明確にする必要性を示しているとともに、組織や個人のメンタル・モデルによって結束型の影響が左右される可能性を示唆している。このことを第9章の事例の分析により検証した結果、「企業の存続」のメンタル・モデルの共有によって従業員が結束する一方で、「社外への貢献」のメンタル・モデルを共有す

ることで結束を維持しつつ社外との関係が築かれることが示された。

### (2) 学術的知見

第4章と第5章の結果から、まず、ソーシャル・キャピタルは、結束型と橋渡し型で知識創造に対して果たす役割が異なることが示された。特に共同化では結束型、それ以外のプロセスでは双方が重要である。先行研究（Hansen, 1999）から暗黙知の移転には結束型が適していると考えられたが、本書の結果はそれを実証した。一方で、表出化、連結化、内面化には結束型、橋渡し型、双方が影響を与えていたが、この理由として、これらのプロセスにおいて、様々な種類の知識が同時にやり取りされていたことが挙げられた。このことは、知識創造プロセスを扱う上で、知識を階層的に捉え、並列的に知識創造プロセスが行なわれるモデルを検討する必要性を示している。

また第6章の結果から、社外に貢献する姿勢を持つ企業で働く従業員は、そうでない従業員に比べて、社内の関係が知識提供を促進する傾向があった。これは、社内に社外貢献のメンタル・モデルが浸透して共通基盤が築かれている場合、社内の関係を通して顧客目線の知識が流通するのに対し、社外貢献の価値観が浸透していない場合には、社内の関係は顧客志向の知識の流通を抑制し、排他性を高めてしまう可能性を示唆している。

加えて、社外に貢献する姿勢を持たない従業員は、その姿勢を持つ従業員に比べて、社内の関係が知識提供を促進する傾向があった。結束型のソーシャル・キャピタルは、社会制裁を伴う規範が備わっており（Coleman, 1988）、また特定の互酬性が働きやすいことが指摘されている（Putnam, 2000）。社外への貢献意識の低い従業員は、社内の関係を社会制裁の伴う圧力として認識して知識を提供するのに対し、貢献意識の高い従業員は、社内の人間関係に関係なく、自発的に顧客志向の知識を提供すると考えられる。

これらを踏まえた第9章の事例分析の結果から、「企業の存続」のメンタル・モデルの共有によって従業員が結束する一方で、「社外への貢献」のメンタル・モデルを共有することで社外との関係が築かれることが示された。このような環境は、Ouchi（1981）の、一般的なアメリカ企業と日本企業の双方の特徴を

有している「Zタイプ」の組織や、Collins and Porras (1994) の、基本的理念の共有により信頼関係を築き、理念以外の点では積極的に進歩や変化を促す「ビジョナリーカンパニー」の概念と類似したものと考えられる。

以上の知見はまた、ソーシャル・キャピタルの構造によって知識の創造が左右されるとともに、そのソーシャル・キャピタルにどのような価値観が共有されているかも重要であり、その価値観によって構造がもたらす影響が左右される可能性を示唆している。

### (3) 今後の研究課題

上述したように、知識創造プロセスにおいて、知識を階層的に捉え、並列的に知識創造が行なわれるモデルを検討することが期待される。第7章では、知識をメイン知識、職務メンタル・モデル、職務外メンタル・モデルに分けて検討しているが、知識の獲得と提供のみを分析対象としていた。

しかし、実際の知識創造の活動では、これらの知識間でも相互の影響があると考えられる。たとえば、第1章で紹介した「組織学習」の議論では、既存の方針を維持、継続し、目的を達成するシングルループ学習と、基本方針や目的などを見直す問いかけであるダブルループ学習に組織学習を区別していた (Argyris, 1977; Argyris and Schön, 1978)。また「学習する組織」の議論では、メンタル・モデルによって行動が縛られることがあることから、ダブルループ学習の考えに基づき、新たなメンタル・モデルを形成する必要性を指摘している。これらの議論は、目的やメンタル・モデルの見直しを通して、メインの活動が影響を受けることを示しており、メンタル・モデルとメイン知識が相互に影響していることを示している。本書では、知識共有や知識創造の議論をベースに研究を進めたが、今後、組織学習や学習する組織の議論を踏まえた研究が期待される。

また本書の結果は、ソーシャル・キャピタルの構造だけではなく、そこにどのような価値観が共有されているかが重要であり、その価値観によって構造が果たす機能が左右される可能性を示唆している。しかし、知識共有とソーシャル・キャピタルとの関係の研究では、ネットワークの範囲や構造、紐帯の強さ、

目的の共有などは考慮されるものの、人間関係の中で共有されている価値観の中身に踏み込んだ研究はみられない。西口（2009）は、企業間のソーシャル・キャピタルを中心にその役割と影響を検討しているが、その結論の中で、同じ構造のネットワークを有したコミュニティがあったとしても、価値観の共有の程度によりコミュニティの働きが大きく左右されることを指摘している。今後、人間関係における価値観の共有や、その価値観の中身に踏み込んだ研究が進められることが期待される。

特に第6章では、組織や個人の社外貢献の姿勢が社内の関係の影響を調整する傾向がみられたものの、その効果は小さいものであった。また、第9章の事例分析から「企業の存続」と「社外への貢献」のメンタル・モデルを共有することで、社員が結束しつつも社外との関係が築かれることが示されたが、限られた企業の事例に過ぎない。今後、これらの結果を詳細に検討していくことが期待される。

### (4) 実践的知見

近年、雇用の流動化や成果主義の導入の反省として、集団主義的な日本的経営が見直されつつあり、組織内の人間関係の強化に取り組んでいる企業もみられる（e.g., 原, 2009）。本書の結果は、知識創造の活性化を目的とした場合、目的に従い、適切な人間関係を築くことが大切であることを示している。暗黙知の共有については、人間関係を強化することは非常に有効であるが、他の知識創造活動を促進させるためには、自由でオープンな関係も必要となる。

また、組織の目的を提示することを通して関係を強める際には、「企業の存続」と「社外への貢献」のバランスが取れた目的を提示すべきである。そうすることで、社外から流入した知識が組織内を流通し、一体感を維持しつつも多様な関係を通して得られた知識が提供され、共有される組織となる。

## 1.2 私生活の人間関係の影響

つぎに、私生活の人間関係の影響について提示された、「課題2：仕事関連の社外の人間関係だけではなく、私生活の友人知人や家族との人間関係が知識

共有に与える影響の検討」について考察する。

## (1) 結果の概要

　第6章では、仕事関連の社内と社外の人間関係、私生活の友人知人や家族との人間関係が顧客志向の知識提供に与える影響を検討し、社内と社外の人間関係、家族との人間関係が顧客志向の知識提供を促進することが明らかにされた。また、第7章では、メイン知識、職務メンタル・モデル、職務外メンタル・モデルの獲得場面において、仕事関連の社内と社外の人間関係や私生活の友人知人や家族との人間関係の有益性を検討した。その結果、メイン知識の獲得には社内と社外の人間関係が活用され、また職務メンタル・モデルの獲得には社内の人間関係が活用されるが、職務外メンタル・モデルの獲得には、社内と社外の関係とともに友人知人や家族との関係も活用される傾向がみられた。加えて、メイン知識の獲得に社内の関係と家族との関係が活用されるときに、仕事の質が向上することが示された。

　これらの結果から、従業員は家族との関係を通しても有益な知識を獲得し、また提供している可能性が示唆された。これに基づき第9章で事例を分析した結果、育児を通して家族と接点を持った従業員が、育児での経験や人間関係を通して企業内では得られにくい知識を獲得している様子が明らかにされた。

## (2) 学術的知見

　先行研究において、異なる部署や社外との人間関係が知的生産性や知識移転を促進する傾向がみられたものの（e.g., Cross and Cummings, 2004; Reagans and McEvily, 2003）、これらの研究は仕事に関する人間関係のみを扱っていた。本書では、家族との人間関係が知識獲得や提供に影響を与えることが明らかにされた。特に仕事に関係のないと思われる育児を通しても、仕事に関係する知識を獲得していることが確認された。ワーク・ライフ・バランスの議論においては、ワーク・ライフ・バランスの制度、家族との関係、育児の経験などが仕事に影響を与えるという研究がみられたが（e.g., Balmforth and Gardner, 2006; 松原・脇坂, 2005a, 2005b, 2006; 森下, 2006）、知識共有に焦点を当てた

場合にも、これらの研究の主張や結果が支持されることを示している。

　また、本書の結果は家族との関係が橋渡し型と結束型の双方の特性を持っている可能性を示唆している。一般に、メンタル・モデルは暗黙知的な側面が強いため、結束型のソーシャル・キャピタルが有効であると考えることができるが、本書の結果は、職務メンタル・モデルの獲得には結束型の側面の強い仕事関連の社内の関係が用いられている一方で、貢献の想いなどの職務外メンタル・モデルの獲得には社内の関係だけではなく、企業の中からみた場合に橋渡し型と考えられる、仕事社外や私生活の関係も活用されていることが明らかにされた。このことは、人間としての生き方や働き方などの、仕事の上位にあるメンタル・モデルの獲得には、組織の外に橋渡しをするソーシャル・キャピタルも有益だと考えられる。

　ただし、家族との関係は、組織の中からみた場合には橋渡しの側面が強いが、関係の親密さに注目した場合、結束型の側面が強い。Granovetter（1997）は、親密な関係は同質な者同士を結合するために同質性の高い集団を構成し、橋渡しの関係にはなりにくいと述べている。これに対し、家族との関係は親密な関係でありながらも、家族と職場が物理的に切り離されているために、職場にとって橋渡しの役割を果たしており、Granovetterの主張の例外の事例と考えることもできる。

　そして、組織の外にもこのような親密な関係を築くことが、暗黙知的な側面が強いながらも多様なメンタル・モデルを組織にもたらす可能性がある。ただし、組織内の価値観と組織外の親密な他者が持つ価値観の差が大きい場合、ワーク・ファミリー・コンフリクトに代表される葛藤状態が生じることになる。このような葛藤を防ぐために、先述した「企業の存続」と「社外への貢献」のメンタル・モデルの共有が有効であると考えられる。

### (3) 今後の研究課題

　第6章における重回帰分析では、有意な結果がみられたものの、標準回帰係数や調整済み$R^2$の値は大きいとはいえず、知識提供全体からみた場合、家族との関係の影響は数ある規定要因の一部と考えられる。数ある要因から家族と

の関係の影響を抜き出したことは価値があると思われるが、今後、さらに層別の分析などを通して、その影響の調整要因を明らかにすることが期待される。特に、ワーク・ファミリー・コンフリクトなどの議論において、葛藤を緩和する要因が検討されていることから（e.g., 加藤, 2010）、それらの議論を参考にすることで、家族との関係の影響の調整要因が明確にされる可能性がある。

また、Wenger (1998) によって提案された「実践コミュニティ（communities of practice）」の議論の応用も考えられる。Wenger et al. (2002) は、実践コミュニティを「あるテーマに関する関心や問題、熱意などを共有し、その分野の知識や技能を、持続的な交流を通じて深めていく人々の集団」（邦訳, p.33）と定義している。そして、個人が実践コミュニティと公的な組織に属している「多重成員性（multimembership）」という概念を提示し、この多重成員性が実践コミュニティを通しての学習を深め、知識の獲得を促進していると述べている。本書の結果から、家族など、私生活の関係が実践コミュニティの役割を果たしていると解釈することも可能であり、企業と家族との関係に実践コミュニティの議論を応用することで新たな知見が得られる可能性がある。

加えて、第9章の事例分析では、育児の経験に基づく家族との関係に注目したが、育児以外の家族との関係や、私生活の関係の影響についても検討することが期待される。

### (4) 実践的知見

企業は、多様な知識を獲得することを通して知識創造やイノベーションの活性化を狙う際に、異業種交流に代表される多様な関係の拡大に力を入れている。本書の結果から、従業員の仕事関連の社内や社外の関係を拡大するだけではなく、ワーク・ライフ・バランス制度を充実させて家族との関係を密接にすることも、知識の流通を活性化させる上で効果があると考えられる。一般に、家族との関係を通して家庭の目線を取り入れることについては女性の活用において議論されがちであるが、本書の分析では男性においても家族との関係が知識提供に一定の影響を与えていた。戦略的にワーク・ライフ・バランスの制度を整備し、男女に限らず従業員が家族に関わる機会を提供することを通して、

終　章

知識の多様化が進むことが期待される。

## 1.3　内発的／外発的動機と自己評価の影響

　知識提供の内発的／外発的動機に関する課題として「課題3：知識提供動機の細分化と、これらの動機の規定要因、これらの動機が知識提供行動に与える影響の検討」、自己評価の影響に関する課題として「課題4：組織特性が組織内自尊感情に与える影響と、組織内自尊感情が知識提供動機や行動に与える影響の検討」が提示された。

### (1) 結果の概要

　第8章では自己決定理論に従い、知識提供動機を外的調整、取り入れ的調整、同一化的調整、内発的動機に分けて分析を行なった。その結果、信頼関係と自由な雰囲気から構成される組織特性が、直接的に、または組織内自尊感情と同一化的調整を介して間接的に知識提供行動を促進する一方、内部競争が外的調整を介して知識提供行動を抑制することが明らかにされた。特に、組織内自尊感情、同一化的調整、知識提供行動との間には強い関係がみられ、これらの関係が知識提供の重要な規定要因であると考えられた。

　第9章の事例分析を通して、上記の関係を検討したが、個別の人格を認めること、貢献を伝えること、信頼すること、働きやすい環境を提供すること、多様な働き方を認めることなどを通して組織内自尊感情が向上することが示された。また、自己を受容することで置かれた状況を受け入れつつも、自信を持って自分ができることを選択して挑戦することが、新たな関係の構築や、また知識の獲得・提供につながっている様子がうかがわれた。

### (2) 学術的知見

　自己決定理論に従い知識提供動機を細分化することで、興味関心に基づく内発的動機よりも、価値観を受け入れる同一化的調整が知識提供を促進することが示された。これは自己決定理論の学習や組織のパフォーマンスに関する先行研究と同様の傾向である（櫻井, 2009）。このことは、知識提供の促進のため

には知識提供の意義を理解させることが重要であることを示している。

この同一化的調整には、組織内自尊感情が強い影響を与えていることから、自己が組織に受容されているとの認識が、組織の価値観の受け入れにつながっていると考えられる。第9章の事例分析からも、組織が自分を認めてくれていると実感することで、置かれた環境を受け入れ、今できることに前向きに取り組むことができている様子がうかがわれた。先行研究で、組織内自尊感情が従業員の行動にポジティブな影響を与えることが明らかにされているが（e.g., Pierce et al., 1989）、その原因として、自分が認められることを認識することで、自分に求められていることを受け入れ、積極的な行動を起こしている可能性が考えられる。

一方で、外的調整は知識提供行動を抑制し、また取り入れ的調整は知識提供行動に影響しないことが明らかにされた。このことは、報酬や他者の評価を気にした行動は知識提供にプラスに働かないことを示している。

以上の結果を、ソーシャル・キャピタルの視点から解釈すると、上司や同僚から受け入れられていると認識される人間関係は知識提供を促進するものの、他者の評価を気にしなければならない人間関係は知識提供に結びつかないと考えられる。先述したように、結束型のソーシャル・キャピタルは社会制裁を伴う規範が備わっており（Coleman, 1988）、また特定の互酬性が働きやすいことが指摘されていた（Putnam, 2000）。このような結束型ソーシャル・キャピタルが、相互の行動を監視することで制裁が心理的な圧力となった場合、取り入れ的調整による行動が生じるのに対し、特定の互酬性が相互の貢献を認め合うことにつながった場合、同一化的調整による行動が生じる可能性がある。

### (3) 今後の研究課題

第8章でも触れたが、組織内自尊感情、同一化的調整、知識提供行動の関係が強いものの、これらの関係を分析した先行研究がないことから、今後、これらの関係をより詳細に分析することが期待される。特に、本書の結果は、多様な関係を築くこと、多様な知識を受け入れること、多様な知識を提供することなど、異なる価値観を受け入れて行動することの必要性をも示している。組織

内自尊感情が高まることで、異なる価値観、知識、他者を受け入れて行動することにつながる可能性もあり、今後、組織内自尊感情と多様性の受け入れや多様な行動との関係について詳細に分析することが期待される。

また、内部競争から組織内自尊感情への影響を調整する要因を明らかにすることも期待される。たとえば、内部競争は能力の高い人にとっては、能力に基づいた自尊感情を高めるのに対し、能力が低い人にはとってはこのような自尊感情を抑制する可能性があり、個人の能力が調整要因になっている可能性がある。

さらに、組織内自尊感情を多面的に捉える必要があると考えられる。自尊感情は自己の基準に基づく「これでよい」という側面と、他者の基準に基づく「とてもよい」という側面に分けられたが、先行研究では（向日, in press）、組織内自尊感情も同様に分けられる可能性が指摘されていた。本書の事例分析においても、個人が組織に受け入れられていることで自信を持つケースと、個人が能力を高めることで自信を持つケースがみられた。組織内自尊感情を自己受容的な「これでよい」という側面と、自己の能力や周囲からの評価に基づいた「とてもよい」という側面に分けて分析することで、新たな知見が得られる可能性がある。

### (4) 実践的知見

知識提供を促進する上で、多様な働き方を認め、従業員の人格を認め、信頼し、貢献を伝えることなどを通して、従業員の組織内自尊感情を高めることができる。そして、組織内自尊感情が高まることで、従業員が組織の取り組みの価値や意義を認め、それに従って新たな関係形成や知識獲得・提供などの自発的な行動が引き出される可能性がある。

一方で、内部競争、報酬、他者からの評価などによって従業員を動機づけることは、期待通りの結果が得られない可能性が高い。また、知識を提供することに対して単に興味関心を持っているだけでも、それが行動に結びつくとは限らない。

## 2. 結びに代えて

　序章で述べたように、本書では知識社会の下で、集団主義への回帰、多様性への重視、動機づけ要因の変化、働きやすい職場への関心など、日本企業を取り巻く環境の変化を踏まえて、企業組織における知識の共有や創造の促進要因に注目した。これらの社会環境の変化に対して、知識の共有・創造の活性化の施策として、本書の分析結果から以下のように提言することができる。

1）社内で「企業の存続」と「社外への貢献」の価値観を共有することに基づき、社内の親密な関係と社外の多様な関係を築く。
2）信頼関係、自由な雰囲気、ワーク・ライフ・バランスなどによる働きやすい環境を提供し、従業員の人格を認めることで、従業員の自尊感情を高める。
3）従業員の自尊感情を高めることで、自発的な関係拡大や知識提供などの行動を引き出す。

　経営者の中には、従業員に働きやすい環境を提供することに対して、従業員がその環境に甘えることで生産性の低下につながるという不安を持っている者も多いことから、働きやすい環境と生産性との関係を明らかにすることで、そのような不安を払拭する必要がある。本書の結果は、このような環境を通して多様な関係が拡大するとともに、従業員の自発的な行動が生み出され、知識の流通が活性化する可能性があることを示している。ただし、その前提に「企業の存続」と「社外への貢献」の価値観が共有されている必要があり、従業員もまた、働きやすい環境が提供されていても、それが「企業の存続」と「社外への貢献」のためであることを自覚して、それに応答するように行動する必要があることも示している。

　50年以上前に、McGregor（1960）は、「人間は強制や処罰によらなければ動かない」という考えである「X理論」と、「人間は進んで身を委ねた目標の

終 章

ためには自らムチ打って働き、想像力を駆使し、創意工夫をする能力を備えている」(邦訳, pp.54-55) という考えである「Y理論」を提示し、Y理論に基づいた管理の方が個人や組織の生産性を高めると主張した。本書の結果は、知識の共有・創造の視点においても、このMcGregorの主張を支持するものでもある。序章で述べたようにDrucker (1969) は、知識社会における知識労働者の意欲は、給料などの外的な報酬ではなく、自らの貢献を意識させることによって与えられると指摘したが、知識社会が進展した現代においては、今まで以上にMcGregorの主張が重要になる。

　本書は、このような知識社会に対して、「企業が『存続』と『貢献』を目指し、より働きやすい環境を提供し、従業員を一人の人格者として受け入れることで、従業員が自発的に行動し、また多様な関係を築き、その結果、企業に知識の流通の効果がもたらされる」という知見を提供している。

# 参考文献

Abegglen, J.C. (1958) *Japanese Factory : Aspects of Its Social Organization*, Free Press（山岡洋一訳 (2004)『日本の経営（新訳版）』日本経済新聞社).
荒井一博 (2009)『自由だけではなぜいけないのか』講談社.
Argyris, C. (1977) "Double Loop Learning in Organizations," *Harvard Business Review*, No.55, Vol.5, pp.115-125 (DIAMONDハーバード・ビジネス・レビュー編集部訳 (2007)「組織能力の経営論」ダイヤモンド社).
Argyris, C. and Schön, D. (1978) *Organizational Learning: A Theory of Action Perspective*, Addison-Wesley.
アーサーアンダーセンビジネスコンサルティング (1999)『図解ナレッジマネジメント』東洋経済新報社.
朝日新聞社 (2006)「アンチ成果主義、結実　岐阜の『未来工業』」2006年11月11日朝刊, p.10.
Badaracco, J. L. (1991) *The Knowledge Link : How Firms Compete Through Strategic Alliances*, Harvard Business School Press（中村元一, 黒田哲彦訳 (1991)『知識の連鎖』ダイヤモンド社).
Baker, W. (2000) *Achieving Success Through Social Capital: Tapping the Hidden Resources in Your Personal and Business Networks*, Jossey-Bass（中島豊訳 (2001)『ソーシャル・キャピタル』ダイヤモンド社).
Balmforth, K. and Gardner, D. (2006) "Conflict and Facilitation between Work and Family: Realizing the Outcomes for Organizations," *New Zealand Journal of Psychology*, Vol.35, No.2, pp.69-76.
Bandura, A. (1977) "Self-Efficacy: Toward a Unifying Theory of Behavioral Change," *Psychological Review*, Vol.84, No.2, pp.191-215.

Barbuto, J. E. and Scholl, R. W. (1998) "Motivation Sources Inventory: Development and Validation of New Scales to Measure an Integrative Taxonomy of Motivation," *Psychological Reports*, Vo.82, No.3, pp.1011-1022.

Barbuto, J. E. and Story, J. S. P. (2011) "Work Motivation and Organizational Citizenship Behaviors," *Journal of Leadership Studies*, Vol.5, No.1, pp.23-34.

Bell, D. (1973) *The Coming of Post-Industrial Society*, Basic Books (内田忠夫他訳 (1975)『脱工業社会の到来 (上)(下)』ダイヤモンド社).

Bock, G., Zumd, R. W., Kim, Y. and Lee, J. (2005) "Behavioral Intention Formation in Knowledge Sharing: Examining the Roles of Extrinsic Motivators, Social-Psychological Factors, and Organizational Climate," *MIS Quarterly*, Vol.29, No.1, pp.87-111.

Bordia, P., Irmer, B. E. and Abusah, D. (2006) "Differences in Sharing Knowledge Interpersonally and via Databases: The Role of Evaluation Apprehension and Perceived Benefits," *European Journal of Work and Organizational Psychology*, Vol.15, No.3, pp.262-280.

Bourdieu P. (1986) "The Forms of Capital," in Richardson, J. G. (eds.), *Handbook of Theory and Research for the Sociology of Education*, Greenwood Press, pp.241-258.

Bowling, N. A., Eschleman, K. J., Wang, Q., Kirkendall, C. and Alarcon, G. (2010) "A Meta-Analysis of the Predictors and Consequences of Organization-Based Self-Esteem," *Journal of Occupational and Organizational Psychology*, Vol.83, No.3, pp.601-626.

Burt, R. S. (1992) *Structural Holes: The Social Structure of Competition*, Harvard University Press (安田雪訳 (2006)『競争の社会的構造』新曜社).

Burt, R. S. (2001) "Structural Holes versus Network Closure as Social Capital," in Lin, N., Cook, K. S. and Burt, R. S. (eds.) *Social Capital: Theory and Research*, Aldine de Gruyter, pp.31-56 (金光淳訳 (2006)「社会関係資本をもたらすのは構造的隙間かネットワーク閉鎖性か」野沢慎司編『リーディングス・ネットワーク論』勁草書房, pp.243-277).

Burton-Jones, A. (1999) *Knowledge Capitalism: Business, Work, and Learning in the*

*New Economy*, Oxford University Press（野中郁次郎監訳、有賀裕子訳（2001）『知識資本主義』日本経済新聞社）.

Cabrera, A., Collins, W. C. and Salgado, J. F. (2006) "Determinants of Individual Engagement in Knowledge Sharing," *International Journal of Human Resource Management*, Vol.17, No. 2, pp.245-264.

Cannon-Bowers, J. A., Salas, E. and Converse, S. (1993) "Shared Mental Model in Expert Team Decision Making," in Castellan N. J. (eds.) *Individual and Group Decision Making*, Psychology Press, pp.221-246.

Chow, W. S. and Chan, L. S. (2008) "Social Network, Social Trust and Shared Goals in Organizational Knowledge Sharing," *Information & Management*, Vol.45, No. 7, pp.458-465.

Clark, H. H. (1996) *Using Language*, Cambridge University Press.

Clark, H. H. and Carlson, T. B. (1981) "Context for Comprehension," in Long, J. and Baddeley, A. (eds.), *Attention and Performance IX*, Lawrence Erlbaum Associates, pp.313-330.

Clark, H. H. and Marshall, C. R. (1981) "Definite Reference and Mutual Knowledge," in Joshi, A.K. Webber, B. and Sag, I. (eds.), *Elements of Discourse Understanding*, Cambridge University Press, pp.10-63.

Cohen, D. and Prusak, L. (2001) *In Good Company: How Social Capital Makes Organizations Work*, Harvard Business School Press（沢崎冬日訳（2003）『人と人のつながりに投資する企業』ダイヤモンド社）.

Coleman, J. S. (1988) "Social Capital in the Creation of Human Capital," *American Journal of Sociology*, Vol.94, pp.95-120（金光淳訳（2006）「人的資本の形成における社会関係資本」野沢慎司編『リーディングス・ネットワーク論』勁草書房, pp. 205-238）.

Collins J. and Porras J. I. (1994) *Built to Last: Successful Habits of Visionary Companies*, HarperCollins（山岡洋一訳（1995）『ビジョナリーカンパニー』日経BP社）.

Connelly, C. E. and Kelloway, E. K. (2003) "Predictors of Employees' Perceptions of Knowledge Sharing Cultures," *Leadership & Organization Development Journal*,

Vol.24, No. 5, pp.294-301.

Cross, R. and Cummings, J. N. (2004) "Tie and Network Correlates of Individual Performance in Knowledge-Intensive Work," *Academy of Management Journal*, Vol.47, No.6, pp.928-937.

Daft, R. L., Lengel, R. H. and Trevino, L. K. (1987) "Message Equivocality, Media Selection, and Manager Performance: Implications for Information Systems," *MIS Quarterly*, Vol.11, No.3, pp.355-366.

Davenport, T. H. (2005) *Thinking for a Living: How to Get Better Performances And Results from Knowledge Workers*, Harvard Business School Press (藤堂圭太訳 (2006)『ナレッジワーカー』ランダムハウス講談社).

Davenport, T. H. and Prusak, L. (1998) *Working Knowledge: How Organizations Manage What They Know*, Harvard Business School Press (梅本勝博訳 (2000)『ワーキング・ナレッジ』生産性出版).

Deci, E. and Flaste, R. (1995) *Why We Do What We Do: Understanding Self-Motivation*, G. P. Putnam's Sons (桜井茂男監訳 (1996)『人を伸ばす力』新曜社).

Deci, E. L. and Ryan, R. M., (Eds.) (2002) *Handbook of Self-Determination Research*, University of Rochester Press.

De Long, D. W. and Fahey, L. (2000) "Diagnosing Cultural Barriers to Knowledge Management," *Academy of Management Executive*, Vol.14, No. 4, pp.113-127.

Drucker, P. F. (1969) *The Age of Discontinuity*, Harper & Row (林雄二郎訳 (1969)『断絶の時代』ダイヤモンド社).

Edwards, J. R. and Cable, D. M. (2009) "The Value of Value Congruence," *Journal of Applied Psychology*, Vol.94, No.3, pp.654-677.

遠藤辰雄・井上祥治・蘭千壽編 (1992)『セルフ・エスティームの心理学』ナカニシヤ出版.

Foss, N. J., Minbaeva, D. B., Pedersen, T. and Reinholt, M. (2009) "Encouraging Knowledge Sharing among Employees: How Job Design Matters," *Human Resource Management*, Vo.48, No.6, pp.871-893.

Gagné, M. (2009) "A Model of Knowledge-Sharing Motivation," *Human Resource Management*, Vol.48, No.4, pp.571-589.

Gagné, M. and Deci, E. L. (2005) "Self-Determination Theory and Work Motivation," *Journal of Organizational Behavior*, Vol.26, No.4, pp.331-362.

Granovetter, M. S. (1973) "The Strength of Weak Ties," *American Journal of Sociology*, Vol.78, No.6, pp.1360-1380 (大岡栄美訳 (2006)「弱い紐帯の強さ」野沢慎司編『リーディングス・ネットワーク論』勁草書房, pp.123-154).

Greenhaus, J. H. and Powell, G. N. (2006) "When Work and Family are Allies: A Theory of Work-Family Enrichment," *Academy of Management Review*, Vol.31, No.1, pp.72-92.

浜口恵俊 (1982)『間人主義の社会 日本』東洋経済新報社.

Hansen, M. T. (1999) "The Search-Transfer Problem: The Role of Weak Ties in Sharing Knowledge across Organization Subunits," *Administrative Science Quarterly*, Vol.44, No.1, pp.82-111.

原正紀 (2009)『優れた企業は「日本流」』扶桑社.

間宏 (1963)『日本的経営の系譜』日本能率協会.

Hedberg, B. L. T. (1981) "How Organizations Learn and Unlearn," in Nystrom, P. C. and Starbuck W. H. (eds.), *Handbook of Organizational Design*, Vol.1, Oxford University Press, pp.3-27.

本間道子 (2011)『集団行動の心理学』サイエンス社.

Hooper, D., Coughlan, J. and Mullen, M. R. (2008) "Structural Equation Modelling: Guidelines for Determining Model Fit," *Electronic Journal of Business Research Methods*, Vol.6, No.1, pp.53-60.

堀江常稔・犬塚篤・井川康夫 (2007)「研究開発組織における知識提供と内発的モチベーション」『経営行動科学』Vol.20, No.1, pp.1-12.

堀江常稔・犬塚篤・井川康夫 (2008)「製品開発組織における知識創造プロセスの促進要因に関する実証分析」『経営情報学会2008年度春季全国研究発表大会予稿集』pp.84-87.

一条和生・徳岡晃一郎 (2007)『シャドーワーク』東洋経済新報社.

飯田和人 (2011)「日本企業における雇用システムの変容と生産能力低下の可能性」『政經論叢』Vol.79, No.3/4, pp.1-24.

稲葉陽二 (2007)『ソーシャル・キャピタル』生産性出版.

石田光規 (2009)『産業・労働社会における人間関係』日本評論社.

伊藤圭子 (2012)「『できる』はできるという信念で決まる」, 鹿毛雅治編『モティベーションをまなぶ12の理論』金剛出版, pp.245-280.

伊藤正哉・川崎直樹・小玉正博 (2011)「自尊感情の3様態: 自尊源の随伴性と充足感からの整理」『心理学研究』Vol.81, No.6, pp.560-568.

伊藤正哉・小玉正博 (2005)「自分らしくある感覚(本来感)と自尊感情がwell-beingに及ぼす影響の検討」『教育心理学研究』Vol.53, No. 1, pp.74-85.

石井裕 (1994)『CSCWとグループウェア』オーム社.

Johansen, R. (1988) *Groupware: Computer Support for Business Teams*, Free Press (会津泉訳 (1990)『グループウェア』日経BP社).

Judge, T. A. and Bono, J. E. (2001) "Relationship of Core Self-Evaluations Traits-Self-Esteem, Generalized Self-Efficacy, Locus of Control, and Emotional Stability-with Job Satisfaction and Job Performance: A Meta-Analysis," *Journal of Applied Psychology*, Vol.86, No.1, pp.80-92.

Judge, T. A., Erez, A., Bono, J. E. and Thoresen, C. J. (2002) "Are Measures of Self-Esteem, Neuroticism, Locus of Control, and Generalized Self-Efficacy Indicators of a Common Core Construct?" *Journal of Personality and Social Psychology*, Vol.83, No.3, pp.693-710.

金光淳 (2003)『社会ネットワーク分析の基礎』勁草書房.

Kankanhalli, A., Tan, B. C. Y. and Wei, K. (2005) "Contributing Knowledge to Electronic Knowledge Repositories: An Empirical Investigation," *MIS Quarterly*, Vol.29, No.1, pp.113-143.

加藤容子 (2010)『ワーク・ファミリー・コンフリクトの対処プロセス』ナカニシヤ出版.

Kim, S. and Lee, H. (2006) "The Impact of Organizational Context and Information Technology on Employee Knowledge-Sharing Capabilities," *Public Administration Review*, Vol.66, No.3, pp.370-385.

今野晴貴 (2012)『ブラック企業』文藝春秋.

越出均 (2003)『情報と知識のマネジメント』創成社.

Korman, A. K. (1970) "Toward a Hypothesis of Work Behavior," *Journal of Applied*

*Psychology*, Vol.54, No.1, pp.31-41.

Korman, A. K. (1971) "Organizational Achievement, Aggression and Creativity: Some Suggestions toward an Integrated Theory," *Organizational Behavior and Human Performance*, Vol.6, No.5, pp.593-613.

Krackhardt, D. (1992) "The Strength of Strong Tie: The Importance of Philos in Organizations," in Nohria, N. and Eccles, R. G. (eds.) *Networks and Organizations: Structure, Form, and Action*, Harvard Business School Press, pp. 216-239.

國藤進編 (2001)『知的グループウェアによるナレッジマネジメント』日科技連.

Lee, H. and Choi, B. (2003) "Knowledge Management Enablers, Processes, and Organizational Performance: An Integrative View and Empirical Examination," *Journal of Management Information Systems*, Vol. 20, No. 1, pp. 179-228.

Lee, J., Kim, Y. and Kim, M. (2006) "Effects of Managerial Drivers and Climate Maturity on Knowledge-Management Performance: Empirical Validation," *Information Resources Management Journal*, Vol.19, No.3, pp.48-60.

Levin, D. Z. and Cross, R. (2004) "The Strength of Weak Ties You Can Trust: The Mediating Role of Trust in Effective Knowledge Transfer," *Management Science*, Vol.50, No.11, pp.1477-1490.

Levitt, B. and March, J. G. (1988) "Organizational learning," *Annual Review of Sociology*, Vol.14, pp.319-340.

Lin, N. (2001) "Building a Network Theory of Social Capital," in Lin, N., Cook, K. and Burt, R. S. (eds.) *Social Capital: Theory and Research*, Aldine de Gruyter, pp. 3-29.

Lin, H. (2007a) "Effects of Extrinsic and Intrinsic Motivation on Employee Knowledge Sharing Intentions," *Journal of Information Science*, Vol.33, No.2, pp.135-149.

Lin, H. (2007b) "Knowledge Sharing and Firm Innovation Capability: An Empirical Study," *International Journal of Manpower*, Vol.28, No.3/4, pp.315-332.

Lin, M. J., Hung, S. and Chen, C. (2009) "Fostering the Determinants of Knowledge Sharing in Professional Virtual Communities," *Computers in Human Behavior*,

Vol.25, No.4, pp.929-939.

Luhmann, N. (1973) *Vertrauen: Ein Mechanismus der Reduktion sozialer Komplexitat*, Ferdinand Enke Verlag(大庭健・正村俊之訳(1990)『信頼』勁草書房)

Marsh, H. W., Hau, K. and Wen, Z. (2004) "In Search of Golden Rules: Comment on Hypothesis-Testing Approaches to Setting Cutoff Values for Fit Indexes and Dangers in Overgeneralizing Hu and Bentler's (1999) Findings," *Structural Equation Modeling*, Vol.11, No.3, pp.320-341.

Mathieu, J. E., Heffner, T. S., Goodwin, G. F., Salas, E. and Cannon-Bowers, J. A. (2000) "The Influence of Shared Mental Models on Team Process and Performance," *Journal of Applied Psychology*, Vol.85, No.2, pp.273-283.

McGregor, D. (1960) *The Human Side of the Enterprise*, McGrew-Hill(高橋達男訳(1970)『企業の人間的側面(新版)』産能大学出版部).

松原光代・脇坂明(2005a)「米英における両立支援策と企業のパフォーマンス(Ⅰ):両立支援策と企業パフォーマンスに関する海外文献のサーベイ」『學習院大學經濟論集』Vol.41, No.4, pp.295-302.

松原光代・脇坂明(2005b)「米英における両立支援策と企業のパフォーマンス(Ⅱ):両立支援策と企業パフォーマンスに関する海外文献のサーベイ」『學習院大學經濟論集』Vol.42, No.2, pp.99-117.

松原光代・脇坂明(2006)「米英における両立支援策と企業のパフォーマンス(Ⅲ):両立支援策と企業パフォーマンスに関する海外文献のサーベイ」『學習院大學經濟論集』Vol.42, No.4, pp.251-259.

Matsuda, Y., Pierce, J. L. and Ishikawa, R. (2011) "Development and Validation of the Japanese Version of Organization-Based Self-Esteem Scale," *Journal of Occupational Health*, Vol.53, No.3, pp.188-196.

松田与理子・柴田恵子・石川利江(2009)「組織内自尊感情:本邦の産業保健領域における活用可能性」『ヒューマン・ケア研究』Vol.10, No.2, pp.114-126.

松平好人(2014)『日産モノづくりの知識創造経営』晃洋書房.

Mayer, R. C., Davis, J. H. and Schoorman, F. D. (1995) "An Integrative Model of Organizational Trust," *Academy of Management Review*, Vol.20, No.3, pp.709-

734.
宮田加久子(2005a)『インターネットの社会心理学』風間書房.
宮田加久子(2005b)『きずなをつなぐメディア』NTT出版.
森下葉子(2006)「父親になることによる発達とそれに関わる要因」『発達心理学研究』, Vol.17, No.2, pp.182-192.
向日恒喜(2008)「電子掲示板における信頼,個人特性,参加者特性,制度特性が情報共有・伝播に与える影響」『経営情報学会誌』Vol.17, No.1, pp.87-110.
向日恒喜(2010)「企業組織における従業員の知識提供動機とコミュニケーション・メディアが知識創造に与える影響」『中京経営研究』Vol.19, No.2, pp.55-67.
向日恒喜(2013)「ナレッジ・マネジメント」日本経営工学会編『ものづくりに役立つ経営工学の事典』朝倉出版, pp.152-153.
向日恒喜(in press)「組織内自尊感情と知識提供動機が知識提供行動に与える影響」『経営情報学会誌』.
Nahapiet, J. and S. Ghoshal (1998) "Social Capital, Intellectual Capital, and the Organizational Advantage," *Academy of Management Review*, Vol.23, No.2, pp.242-266.
中原淳(2010)『職場学習論』東京大学出版.
中村雅章(2003)『組織の電子コミュニケーション』中央経済社.
中谷巌(1993)『日本企業復活の条件』東洋経済新報社.
西口敏宏(2009)『ネットワーク思考のすすめ』東洋経済新報社.
野中郁次郎(2003)「知識創造・場・綜合力」國領二郎・野中郁次郎・片岡雅憲『ネットワーク社会の知識経営』NTT出版, pp.1-63.
野中郁次郎・紺野登(1999)『知識経営のすすめ』筑摩書房.
野中郁次郎・紺野登(2003)『知識創造の方法論』東洋経済新報社.
Nonaka, I. and Takeuchi, H. (1995) *The Knowledge-Creating Company: How Japanese Companies Create the Dynamics of Innovation*, Oxford University Press(梅本勝博訳(1996)『知識創造企業』東洋経済新報社).
岡田涼・中谷素之(2006)「動機づけスタイルが課題への興味に及ぼす影響:自己決定理論の枠組みから」『教育心理学研究』Vol.54, No.1, pp.1-11.
岡本真一郎(2010)『ことばの社会心理学(第4版)』ナカニシヤ出版.

岡本真一郎 (2013)『言語の社会心理学』中央公論新社.

Organ, D. W., Podsakoff, P. M. and MacKenzie, S. B. (2006) *Organizational Citizenship Behavior*, Sage Publications (上田泰訳 (2007)『組織市民行動』白桃書房).

小塩真司 (1998)「自己愛傾向に関する一研究: 性役割観との関連」『名古屋大学教育学部紀要 (心理学)』Vol.45, pp.45-53.

Ouchi, W. G. (1981) *Theory Z: How American Business Can Meet the Japanese Challenge*, Addison-Wesle (徳山二郎監訳 (1981)『セオリーZ』CBSソニー出版).

Perry-Smith, J. E. (2006) "Social Yet Creative: The Role of Social Relationships in Facilitating Individual Creativity," *Academy of Management Journal*, Vo.49, No.1, pp.85-101.

Pierce, J. L. and Gardner, D. G. (2004) "Self-Esteem within the Work and Organizational Context: A Review of the Organization-Based Self-Esteem Literature," *Journal of Management*, Vol.30, No.5, pp.591-622.

Pierce, J. L., Gardner, D. G., Cummings, L. L. and Dunham, R. B. (1989) "Organization-Based Self-Esteem: Construct Definition, Measurement, and Validation," *Academy of Management Journal*, Vol.32, No.3, pp.622-648.

Pink, D. H. (2009) *Drive: The Surprising Truth About What Motivates Us*, Riverhead Books (大前研一訳 (2010)『モチベーション3.0』講談社).

Putnam, R. D. (1993) *Making Democracy Work: Civic Traditions in Modern Italy*, Princeton University Press (河田潤一訳 (2001)『哲学する民主主義』NTT出版).

Putnam, R. D. (2000) *Bowling Alone: The Collapse and Revival of American Community*, Simon & Schuster (柴内康文訳 (2006)『孤独なボウリング』柏書房).

Reagans, R. and McEvily, B. (2003) "Network Structure and Knowledge Transfer: The Effects of Cohesion and Range," *Administrative Science Quarterly*, Vol.48, No.2, pp.240-267.

Richmond, V. P. and McCroskey, J. C. (2004) *Nonverbal Behavior in Interpersonal Relations* (5th ed.), Allyn & Bacon (山下耕二編訳 (2006)『非言語行動の心理学』北大路書房).

Robert Jr, L. P., Dennis, A. R. and Ahuja, M. K. (2008) "Social Capital and Knowledge

Integration in Digitally Enabled Teams," *Information Systems Research*, Vol.19, No.3, pp.314-334.

Rosenberg, M. (1965) *Society and the Adolescent Self-Image*, Princeton University Press.

Rouse, W. B. and Morris, N. M. (1986) "On Looking into the Black Box: Prospect and Limits in the Search for Mental Models," *Psychological Bulletin*, Vol.100, No.3, pp.349-363.

坂本光司 (2008)『日本でいちばん大切にしたい会社』あさ出版.

櫻井茂男 (2009)『自ら学ぶ意欲の心理学』有斐閣.

佐藤博樹・武石恵美子編 (2008)『人を活かす企業が伸びる』勁草書房.

沢崎達夫 (2010)「自己受容(グッドイナフ)は向上心を弱めるか」『児童心理』Vol.64, No.4, pp.282-288.

Schein, E. H. (1985) *Organizational Culture and Leadership*, Jossey-Bass(清水紀彦・浜田幸雄訳 (1989)『組織文化とリーダーシップ』ダイヤモンド社).

Senge, P. M. (1990) *The Fifth Discipline: The Art & Practice of The Learning Organization*, Century Business(守部信之訳 (1995)「最強組織の法則」徳間書店).

新・日本的経営システム等研究プロジェクト編 (1995)『新時代の「日本的経営」』日本経営者団体連盟.

塩村公弘・松岡瑞希 (2005)「組織市民行動を規定する集団的アイデンティティ要因と動機要因の探究:職場集団と大学生集団との比較から」『人文科学論集.人間情報学科編』Vol.39, pp.27-47.

白石弘幸 (2003)『組織ナレッジと情報』千倉書房.

白石弘幸 (2009)「組織学習と学習する組織」『金沢大学経済論集』Vol.29, No.2, pp.233-261.

白石弘幸 (2010)「ダイバーシティ・マネジメントの本質と意義」『金沢大学経済論集』Vol.31, No.1, pp.135-160.

Song, S. and Teng, J. T. C. (2008) "An Exploratory Examination of Knowledge Sharing Behaviors: Voluntary vs. Solicited," *Proceedings of the 41st Hawaii International Conference on System Sciences*, pp.342-351.

谷口真美（2005）『ダイバシティ・マネジメント』白桃書房．

高橋克徳，河合太介，永田稔，渡部幹（2008）『不機嫌な職場』講談社．

高橋伸夫（2004）『虚妄の成果主義』日経BP社．

高尾義明・王英燕（2012）『経営理念の浸透』有斐閣．

Taylor, W. A. and Wright, G. H. (2004) "Organizational Readiness for Successful Knowledge Sharing: Challenges for Public Sector Managers," *Information Resources Management Journal*, Vol.17, No.2, pp.22-37.

豊田秀樹（2002）「『討論：共分散構造分析』の特集にあたって」『行動計量学』Vol.29, No. 2, pp.135-137.

Tsai, W. and Ghoshal, S. (1998) "Social Capital and Value Creation: The Role of Intrafirm Networks," *Academy of Management Journal*, Vol. 41, No.4, pp.464-476.

Tsai, W. (2002) "Social Structure of "Coopetition" within a Multiunit Organization: Coordination, Competition, and Intraorganizational Knowledge Sharing," *Organization Science*, Vol.13, No.2, pp.179-190.

宇井徹雄（1995）『意思決定支援とグループウェア』共立出版．

Vallerand, R. J. and Bissonnette, R. (1992) "Intrinsic, Extrinsic, and Amotivational Styles as Predictors of Behavior: A Prospective Study," *Journal of Personality*, Vol.60, No.3, pp.599-620.

van den Hooff, B. and van Weenen, F. D. L. (2004) "Committed to Share: Commitment and CMC Use as Antecedents of Knowledge Sharing," *Knowledge and Process Management*, Vol.11, No.1, pp.13-24.

von Krough, G., Ichijo, K. and Nonaka, I. (2000) *Enabling Knowledge Creation: How to Unlock the Mystery of Tacit Knowledge and Release the Power of Innovation*, Oxford University Press（ゲオルク・フォン・クロー，一条和生，野中郁次郎（2001）『ナレッジ・イネーブリング』東洋経済新報社）．

Wang, S. and Noe, R. A. (2010) "Knowledge Sharing: A Review and Directions for Future Research," *Human Resource Management Review*, Vol.20, No.2, pp.115-131.

Wasko, M. M. and Faraj, S. (2005) "Why Should I Share? Examining Social Capital and Knowledge Contribution in Electronic Networks of Practice," *MIS

*Quarterly*, Vol.29, No.1, pp.35-57.

渡辺深（1991）「転職：転職結果に及ぼすネットワークの効果」『社会評論』Vol.42, No.1, pp.2-16.

Wayne, J. H., Musisca, N. and Fleeson, W. (2004) "Considering the Role of Personality in the Work-Family Experience: Relationships of the Big Five to Work-Family Conflict and Facilitation," *Journal of Vocational Behavior*, Vol.64, No.1, pp.108-130.

Welschen, J., Todorova, N. and Mills, A. (2012) "An Investigation of the Impact of Intrinsic Motivation on Organizational Knowledge Sharing," *International Journal of Knowledge Management*, Vol.8, No.2, pp.23-42.

Wenger, E. (1998) *Communities of Practice: Learning, Meaning, and Identity*, Cambridge University Press.

Wenger, E., McDermott, R. and Snyder, W. M. (2002) *Cultivating Communities of Practice: A Guide to Managing Knowledge*, Harvard Business School Press（野村恭彦監修, 櫻井祐子訳（2002）『コミュニティ・オブ・プラクティス』翔泳社）.

Williams, K. Y. and O'Reilly, C. A. (1998) "Demography and Diversity in Organizations: A Review of 40 Years of Research," *Research in Organizational Behavior*, Vol.20, pp.77-140.

Witherspoon, C. L., Bergner, J., Cockrell, C. and Stone, D. N. (2013) "Antecedents of Organizational Knowledge Sharing: a Meta-Analysis and Critique," *Journal of Knowledge Management*, Vol.17, No.2, pp.250-277.

山田昭男（2010）『ドケチ道』東洋経済新報社.

山岸俊男（1998）『信頼の構造』東京大学出版.

山本修一郎（2010）『CMCで変わる組織コミュニケーション』NTT出版.

吉田民人（1990）『自己組織性の情報科学』新曜社.

吉川廣和（2007）『壁を壊す』ダイヤモンド社.

吉原正彦編著（2013）『メイヨー＝レスリスバーガー』文眞堂.

Zhou, Y. and Wang, E. (2010) "Shared Mental Models as Moderators of Team Process-Performance Relationships," *Social Behavior and Personality*, Vol.38, No.4, pp.433-444.

## 初出リスト

**第1章及び第2章**
向日恒喜 (2008)「ナレッジ・マネジメントとソーシャル・キャピタル」『中京経営研究』Vol.17, No.1/2, pp.113-126.

**第4章**
向日恒喜 (2009)「企業組織におけるソーシャル・キャピタルと知識創造プロセスとの関係」『経営情報学会誌』Vol.17, No.4, pp.37-55.

**第5章**
向日恒喜 (2011)「ソーシャル・キャピタルに関する組織特性が知識創造プロセスに与える影響」『中京経営研究』Vol.20, No.1/2, pp.121-133.

**第6章**
向日恒喜 (2014)「仕事と私生活のネットワークが企業内での顧客志向の知識提供に与える影響」『中京経営研究』Vol.23, No.1/2, pp.85-95.

**第7章**
向日恒喜 (2015)「仕事及び私生活の人間関係と知識獲得」『中京経営研究』Vol.24, pp.37-46.

**第8章**
向日恒喜 (2014)「組織特性、組織内自尊感情、知識提供動機が知識提供に与える影響：自己決定理論と有機的統合理論に基づく研究」『中京企業研究』Vol.36, pp.119-136.

# 索 引

## 【欧文】

Aタイプ ················································ 92
CSCW ················································· 15
DOWAホールディングス株式会社 ········ 168
Jタイプ ················································ 92
Notes ·················································· 15
QCサークル ········································ 166
SECIモデル ···································· 18, 68
X理論 ················································ 202
Y理論 ················································ 203
Zタイプ ··············································· 92

## 【ア行】

アメリカ型組織 ······································ 91
安心 ···················································· 34
暗黙知 ······················· 12, 14, 18, 26, 56
育児 ············································ 99, 177
育児・介護休暇制度 ····························· 177
育児休暇制度 ······································ 167
育自分休暇制度 ··································· 177
一体感 ········································· 45, 80
一般的信頼 ································ 34, 70, 88
意味 ········································· 9, 13, 24
エイベックス株式会社 ·························· 172
エートス ·············································· 25

## 【カ行】

外的自己概念動機 ································ 133
外的調整 ····································· 131, 145
外発的動機 ······················· 3, 49, 52, 129
外部変化への対応 ···························· 82, 84
開放的なネットワーク ···························· 36

学習棄却 ············································· 17
学習する組織 ································· 8, 16
家族との人間関係 ··· 52, 103, 121, 125, 186, 195
価値観 ································ 9, 26, 33, 45, 116, 120
関係の次元 ···································· 31, 43
間人主義 ············································· 2
企業の社外貢献姿勢 ····················· 105, 110
企業の存続 ········································ 183
記号 ············································ 13, 24
規範 ·································· 26, 116, 120
狭義の信頼 ···································· 34, 42
凝集性 ················································ 2
共通基盤 ································ 24, 26, 183
共同化 ······················ 18, 52, 56, 59, 68, 72
協働的知識資本 ···································· 32
共分散構造分析 ·································· 148
グループウェア ····························· 15, 176
ケア ·················································· 21
経営者の姿勢 ····································· 187
経営理念 ··········································· 116
形式知 ···························· 12, 14, 18, 56
結束型 ····· 31, 35, 38, 51, 57, 64, 68, 91, 184, 191
言語コミュニケーション ························ 10
構造的次元 ···································· 31, 43
構造的隙間 ········································· 36
コードモデル ······································· 24
顧客志向の知識 ····························· 95, 105
個人主義 ············································ 38
個人の社外貢献姿勢 ····················· 105, 111

## 【サ行】

在宅勤務制度 ……………………………… 177
サイボウズ株式会社 ……………………… 176
差別化 ……………………………………… 165
資源動員的社会関係資本 ………………… 32
自己決定理論 ……………………………… 131
自己効力感 …………………………… 50, 54
自己受容 …………………………………… 151
仕事関連の人間関係 ……… 96, 108, 117
仕事の質 …………………………………… 122
自己評価 ……………………………… 50, 53
私生活の人間関係 …… 52, 97, 103, 108, 117, 125, 195
自尊感情 ……………………………… 54, 134
実践コミュニティ ………………………… 198
自前化 ……………………………………… 174
社外貢献姿勢 ……………………………… 101
社外の人間関係 …………………… 67, 73, 121
社外への貢献 ……………………………… 183
社内の人間関係 …………………… 67, 73, 121
重回帰分析 …………………… 70, 85, 105, 122
終身雇用 ……………………………… 2, 166
集団意思決定支援システム ……………… 15
集団主義 ……………………………… 2, 38, 202
自由な雰囲気 …………… 81, 84, 89, 147, 152
情報 ………………………………… 9, 13, 38
職務外メンタル・モデル ……… 116, 121, 126
職務メンタル・モデル ………… 116, 121, 126
自律性 ……………………………… 47, 81
信号 ………………………………………… 9
真の自尊感情 ……………………………… 134
信頼 …………………………………… 33, 41, 64
信頼関係 ……………… 45, 80, 84, 89, 147, 152
随伴的自尊感情 …………………………… 134
成果主義 ………………………… 2, 82, 92, 153

全体的自尊感情 …………………………… 135
選択型人事制度 …………………………… 177
ソーシャル・キャピタル ……… 29, 38, 56, 64
組織学習 ……………………………… 8, 16
組織記憶 ……………………………………… 17
組織市民行動 ……………………………… 133
組織内自尊感情 ……… 53, 134, 148, 151, 184, 199

## 【タ行】

ダイバシティ・マネジメント ……… 3, 52, 97
対面コミュニケーション ……………… 66, 74
多重成員性 ………………………………… 198
脱官僚化組織 ……………………………… 170
脱工業化社会 ……………………………… 1
多能工化 …………………………………… 172
多様性 ……………………………… 2, 202
知識 ……………………………… 13, 23, 33, 38
知識獲得 ……………………………… 22, 41
知識共有 ……………………………… 22, 41
知識社会 ……………………………………… 1
知識創造 ……………………………… 9, 17, 51
知識創造プロセス ……………… 22, 56, 68
知識提供 ……………………………… 22, 41
知識提供動機 ……… 48, 52, 132, 143, 199
知的生産性 ………………………………… 4
紐帯 ……………………………… 34, 42, 64
強い紐帯 ……………………………… 34, 42
提案制度 …………………………………… 166
データ ……………………………… 10, 13
電子コミュニケーション ……………… 66, 74
同一化的調整 ……… 131, 145, 150, 151, 185
動機 ………………………………………… 48
動機づけ要因 ……………………………… 3, 202

道具性動機··················································133
統合的調整··················································131
同質性···························································2
取り入れ的調整······································131, 146

### 【ナ行】

内的自己概念動機········································133
内的な過程動機············································133
内発的動機·······················3, 49, 52, 129, 146, 150
内部競争···································82, 84, 90, 147, 152
内面化·································19, 52, 56, 61, 68, 73
ナレッジ・イネーブリング······························9, 20
ナレッジ・マネジメント·······················7, 22, 39
ナレッジワーカー············································62

日本型組織····················································91
日本的経営····················································2
人間関係論····················································38
認知的次元················································31, 43

ネットワーク·······································33, 34, 64
年功序列··················································2, 166

ノンテリトリアル・オフィス·························169

### 【ハ行】

橋渡し型······························31, 35, 38, 51, 57,
　64, 68, 91, 184, 191
働きやすい職場········································3, 202
非言語コミュニケーション··························10, 14
ビジョナリーカンパニー································92
評価懸念······················································50
表出化································19, 52, 56, 60, 68, 73
フレックスタイム制····································170
閉鎖的なネットワーク··································36

報酬······················································48, 83
ホウレンソウ·············································166
ホーソン研究················································38
本来感························································134

### 【マ行】

密着型知識··················································25
未来工業株式会社······································165

メイン知識········································26, 116, 120
メタナレッジ··············································25
メタ分析······················································51
メンタル・モデル················13, 17, 25, 45, 116, 183

目的·······················································26, 45
目標の内面化による動機·····························133

### 【ヤ行】

優越感······················································134
有機的統合理論········································131
友人知人（との人間関係）····52, 103, 121, 195

弱い紐帯················································34, 42
弱い紐帯の強さ············································35

### 【ラ行】

理念·····················································26, 120
ルール·······················································116
連結化································19, 52, 56, 60, 68, 73
連帯的社会関係資本····································32

### 【ワ行】

ワーク・ファミリー・コンフリクト··········98
ワーク・ライフ・バランス········3, 52, 98, 198
ワーク・ライフ・ファシリテーション······98

〈著者紹介〉

向日　恒喜（むかひ　つねき）

**略歴**
1967年　岡山県に生まれる
1997年　大阪工業大学大学院工学研究科博士後期課程修了（博士（工学））
1997年　中京大学経営学部講師
2000年　中京大学経営学部助教授
2007年　中京大学経営学部教授（現在に至る）

**主要著書**
『経営情報論』（共著,中央経済社,1998年）
『人間と情報システム』（単著,税務経理協会,2000年）
『経営情報システム論を学ぶ人のために』（共著,世界思想社,2001年）
『現代経営とネットワーク』（共著,同文舘出版,2004年）
『現代経営とネットワーク（新版）』（共著,同文舘出版,2009年）
Integrating Social Media into Business Practice, Applications, Management, and Models（共著,IGI Global, 2014年）

《検印省略》
略称―組織における知識

平成27年3月20日　初版発行

組織における知識の共有と創造
―ソーシャル・キャピタル、私生活の人間関係、
動機、自尊感情の視点から―

著　者　　向　日　恒　喜
発行者　　中　島　治　久

発行所　　同文舘出版株式会社
東京都千代田区神田神保町1-41　〒101-0051
電話 営業(03)3294-1801　編集(03)3294-1803
振替 00100-8-42935
http://www.dobunkan.co.jp

© T.MUKAHI
Printed in Japan 2015

製版：一企画
印刷・製本：萩原印刷

ISBN 978-4-495-38531-6

JCOPY 〈(社)出版者著作権管理機構 委託出版物〉
本書の無断複写は著作権法上の例外を除き禁じられています。複写される場合は、そのつど事前に、(社)出版者著作権管理機構（電話 03-3513-6969、FAX 03-3513-6979、e-mail: info@jcopy.or.jp）の許諾を得てください。